Regina Urbach

WORMS

zum Verlieben

Orte, Menschen
Stadt(er)leben.

99 Tipps

LEINPFAD
VERLAG

Autorin und Verlag haben alle Infos in diesem Buch sorgfältig recherchiert und geprüft und übernehmen keine Haftung für etwa übersehene Unrichtigkeiten.

Konzept, Redaktion: Angelika Schulz-Parthu

Fotos:
Bernward Bertram S. 139, 205; NABU Worms-Wonnegau S. 151; Johannes Schembs: S. 55; Stadtarchiv Worms PB194513-1: S. 19; Stadt Worms/ IR S. 67; Theater im Museumshof/ Kirsten Zeiser S. 135; alle anderen Fotos stammen von Regina Urbach
Karte: Angelika Solibieda, cartomedia, Karlsruhe
Umschlag: Ursula S. Kosa, Ingelheim, mit Fotos von Regina Urbach
Layout: Ursula S. Kosa, Leinpfad Verlag
Druck: wolf print Ingelheim

Leinpfad Verlag, Leinpfad 5, 55218 Ingelheim,
Tel. 06132/8369, Fax: 896951
E-Mail: info@leinpfadverlag.de
www.leinpfad-verlag.de

ISBN 978-3-945782-59-0

Inhalt:

Wie wird aus einem ganz normalen Ort ein Ort, in den man sich ver- lieben kann?

Durch seine Schönheit und/oder durch die Emotionen, die er auslöst.

Ein altes Gemäuer berührt uns durch seine Schönheit, berührt uns durch die Ausstrahlung von Geschichte.

Oder wir werden angerührt von der Schönheit eines alten Handwerks oder durch die Arbeit mit sehr guten Grundstoffen, einerlei, ob es sich um die besondere Mehlmischung für einen Pizzateig handelt oder um den Filz als Material einer Hutmacherin.

Weiterhin durch den innigen Ausdruck religiöser Traditionen.

Oder durch Denkmäler, denen man ansieht, wie sehr sie geliebt werden: Stellenweise ist die Bronze völlig blank gestreichelt.

Oder ganz allgemein gesagt: durch das Kunstschöne und das Naturschöne.

Oder durch das Gemeinschaftserlebnis im Fußballstadion oder beim Open Air-Konzert.

Oder ganz im Gegenteil durch das allein und in der Stille genossene Naturerlebnis.

Und manchmal kann ein Ort auch gar nicht festgelegt werden: Beim Open-Air-Theater der Wormser Jugendtheatergruppen etwa, jedes Jahr an einem anderen magischen Ort, oder bei den alten und neuen Bräuchen des Backfischfestes und der Kerwen.

Denn letztlich sind es immer auch die Menschen, die etwas liebevoll wahrnehmen oder bei etwas engagiert mitarbeiten und dadurch einen gewöhnlichen Platz – nein, eine ganze Stadt! – zu einem Ort zum Verlieben machen.

Angelika Schulz-Parthu, Leinpfad Verlag

Vorwort

Verlieben kann man sich überall – aber manche Orte sind wie geschaffen dafür. Worms ist voll solcher verborgener oder auch strahlender Schätze. Hätten Sie nicht gedacht? Dann lassen Sie sich von diesem Büchlein an die Hand nehmen und sich richtig Laune machen!

Ich habe mich in Worms nicht unbedingt auf den ersten, bestimmt aber auf den anderthalbten Blick verliebt. Welche Stadt von knapp 90.000 Einwohnern kann schon von sich sagen, dass die normale Führung durch ihre wichtigsten Sehenswürdigkeiten etwa zwei Stunden dauert? Nirgends lässt sich kulturträchtiger Eis genießen, nirgends in fußläufiger Vertrautheit schönere Open-Air-Festivals erleben. Ob romanische Kreuzgänge oder ein Jugendfestival in leer stehenden Gebäuden, ob uralte oder brandneue Bräuche beim größten Weinfest am Rhein: Es darf genossen, gelacht und getanzt werden!

Doch wissen Sie auch, wo man französische Tartelettes, eine Kaffeerösterei oder einen echten Duftbasar findet? Wo man Geschichte ertasten, einen Blick in die Dom-Mansarde werfen oder sich in historischer Gewandung bewundern kann? Wo man in einer Synagoge Wein schlürft oder wo man urige Kerwebräuche miterlebt? Wo man selbst zum Luther wird oder aber vom Luthermännchen das Laufen lernt? Wo man unverpackt einkauft oder wo man auf dem Markt auch bei Regen trocken bleibt? Wo Wohnzimmercafés und Kleinkonzerte zum Besuch einladen? Welche Töne bei Domgeläut und Glockenspiel erklingen? Wo Kunst & Tango miteinander tanzen und wie groß eigentlich der Wormser Hafen ist? Was es mit den SchUM-Städten auf sich hat und warum ihr jüdisches Erbe einzigartig ist? Wie das nun genau war mit den Nibelungen und ob sie in Worms je wirklich untergingen? Was die vielen Drachen und so mancher uralte Baum zu erzählen haben? Wo die Natur mitten in der Stadt die Regie übernimmt?

Niemand kann alles wissen, auch nicht über die eigene Stadt. Ich lade Sie ein zu 99 überraschenden Blicken auf unsere einzigartige Stadt. Als besonderes Schmankerl für alle Verliebten habe ich überall für Sie Flecken entdeckt, an denen man Romantik atmen und einander inmitten von Natur und historischem Flair das Ja-Wort geben kann.

Regina Urbach

Eine Altstadt voller Leben
Die Haspelgasse
mit dem Mayfelsturm

Die Stadtmauer ist in Worms nicht nur ein historisches Denkmal. An einigen Stellen der Altstadt dient sie bewohnten Häusern als Rückwand, etwa in der Haspelgasse. Diese Gasse im südlichen Teil der Altstadt schließt an einen großen neuzeitlichen Wohnturm an. Der sogenannte Mayfelsturm wurde auf den Resten des Stadtturms am alten Rheintor gebaut. Fünf Stockwerke mit Wohnungen wurden hier errichtet, teils mit Balkon, aber noch in optischer Wehrturmanmutung. In der kleinen, öffentlich zugänglichen Parkanlage hinter der Mauer befinden sich ein Spielplatz und Bänke. Oft treffen sich Jugendliche hier, man kann spazieren gehen oder den Hund ausführen. Auf halber Höhe erkennt man in der Mauer die weiß gekennzeichneten Zinnen der niedrigeren staufischen Stadtmauer. Die Mauererhöhung stammt aus dem 14. Jahrhundert. In die oberen Zinnen haben die Bewohner*innen kleine Fenster eingelassen. Wohnraum ist die Mauer schon seit dem 18. Jahrhundert. Auch in die ehemalige Stadtgrabenanlage vor der Mauer wurden später kleine Hausneubauten gebaut. Hier ist also eine Wohnlage mit dem ganzen Charme der mittelalterlichen Historie, aber moderner Wohnqualität entstanden. Nur Parkplätze bleiben Mangelware, denn nicht überall können Tiefgaragen gebaut werden.

Die Wormser Stadtmauerpartien, die heute noch erhalten sind, stammen von der inneren Stadtmauer der Stauferzeit. Ein äußerer Mauerring aus dem 14. Jahrhundert, der auch den Heiligen Sand und das Gebiet um die Mainzer Straße umschloss, wurde im 30-jährigen Krieg und endgültig 1689 geschleift. Der innere Mauerring besaß 27 Türme. Die Instandhaltung der nächstliegenden Mauerabschnitte oblag, so besagt eine zwischen 873 und 914 abgefasste Mauerordnung, den dort wohnenden Bürger*innen. Weitere Partien, in denen in Worms heute noch Häuser Teil der Stadtmauer sind, liegen an der Judengasse/Herta-Mansbacher-Anlage (s. S. 12), am Obermarkt (nicht mehr gut erkennbar) und an der Martinsgasse/Adenauerring über den gesamten Lutherring bis zum Luginsland (s. S. 22). So gesehen halten die heutigen Maueranwohner*innen weiterhin „ihren" Abschnitt instand, ganz wie früher.

Haspelgasse 2, 67547 Worms
ÖPNV: Bus 410, Station Rheinstraße

Ritterspiele auf einem Heldinnenplatz
Die Herta-Mansbacher-Anlage

Die Wormser Stadtmauer mit acht Türmen als Spielkulisse in einem großen Sandkasten gibt es auf dem Spielplatz in der Herta-Mansbacher-Anlage. Dieses Modell aus Klinkern ist ein Hingucker. Es juckt in den Fingern, mit kleinen Spielfiguren darin „Mittelalter" oder „Turnier" zu spielen. Offiziell heißt es denn auch „Stadtmauerspiel". Man kann natürlich auch über die Mauern springen. Zur Anregung der Fantasie ist einer der interessantesten Teile der Original-Stadtmauer nicht weit. Der ganze weitläufige Spielplatz zieht sich unter der gut erhaltenen nördlichen Stadtmauer hin, die zugleich die Rückseite der Häuser der Judengasse bildet. Insgesamt 5.600 qm umfassen die Spiel-, Rasen- und Gehölzflächen mit Kletterturm, Schaukel, Wippe und Möglichkeiten zum Basketball- und Fußballspiel. Herta Mansbacher, 1885 in Darmstadt geboren, war Lehrerin an der Westendschule. Bis zur Selbstgefährdung setzte sie sich für ihre Schüler*innen ein. Nach ihrer Entlassung aus dem öffentlichen Schuldienst unterrichtete sie an der 1935 eröffneten jüdischen Schule in Worms. Mit klarem Blick erkannte sie die Zeichen der Zeit und sah in der Emigration die einzige Chance für ihre Schüler*innen, anders als andere jüdische Kreise. Als sie 1936 kommissarisch das Amt der Direktorin übernahm, standen Fremdsprachen und handwerkliche Fertigkeiten im Mittelpunkt, die sich für eine Auswanderung als nützlich erweisen konnten. Als 1938 in der Pogromnacht die Synagoge brannte, rettete Herta Mansbacher daraus unerschrocken Kunst- und Kultgegenstände. Sie dokumentierte den jüdischen Exodus aus Worms, indem sie alle ihr zugänglichen Daten sammelte. 1942 schloss sie die von ihr geführte „Liste der Auswanderer" mit einem Register ab. Kurz darauf wurde sie selbst deportiert und 1943 vermutlich im Lager Belzec ermordet. Das Wormser Polizeiregister vermerkte als letzte Eintragung auf ihrer Karteikarte „abgereist ohne Angabe des Reiseziels". Ihr ist am Adenauerring 6 ein Stolperstein gewidmet. Und diese Anlage samt Spielplatz. „Stärker als Löwen" steht zu Recht auf ihrer Gedenkplatte.

Herta-Mansbacher-Anlage, 67547 Worms
ÖPNV: Bus 431, Station Berliner Ring

Begegnung unterm Spitzbogen

Das Fischerpförtchen und andere kleine Stadttore

Imposant sind in Worms die großen Stadttore an der Petersstraße, am Raschitor und beim Andreasstift. Doch diese sind allesamt keine mittelalterlichen Stadttore, sondern erst notwendig gewordene, dem modernen Verkehr geschuldete Maueröffnungen. Romantisch und original sind hingegen die kleinen Stadttore, vor allem am Torturmplatz neben dem Nibelungenmuseum: Fischerpforte und Fischerpförtchen. Auch am südlichen Mauerring in der noch bewohnten Altstadt, angefangen bei der Haspelgasse, lassen sich viele solcher fotogenen Durchgänge entdecken. Hier kann man sich gut vorstellen, wie hermetisch eine Stadtmauer die Stadtbevölkerung mit ihrer freien Stadtluft vom Lande trennte und in Sicherheit wog. Nachts waren die Tore verschlossen. Tagsüber hatte man eine genaue Kontrolle darüber, wer kam und wer ging.

Das hintere Tor am Fischerpförtchen bietet mit seinem halbkreisförmigen Treppenabgang eine kleine Bühne, die etwa die Kinder der Ferienfreizeiten im Nibelungenmuseum für ihre Abschlusspräsentationen nutzen. Beide Törchen sind Teil der ehemaligen „Schaufront" der Stadtbefestigung zum Rhein hin. Mit elf Türmen zeigte sich das stolze Worms den Reisenden und den Feinden vom Rhein her. „Lutherpförtchen" heißt der Durchgang im Volksmund übrigens vermutlich zu Unrecht, denn Luther kam von Norden, aller Wahrscheinlichkeit nach über das Martinstor, in die Stadt.

Anders als auf heutigen freien Straßen sieht man hier erst im letzten Moment, wer einem auf dem Weg durch eine alte Pforte, in der mancher den Kopf einziehen muss, entgegenkommt. „Schlupfpförtchen" heißen solche kleinen Eingänge nicht umsonst. Das hat einen besonderen Reiz. Hier stürmt man nicht wie gewohnt eilig voran, um seine Wegstrecke möglichst effizient zurückzulegen. Nein, indem man bedacht durch die Pforte geht, wird der Weg wieder zu der Abfolge von Erlebnissen und Begegnungen, die er doch eigentlich ist. Es lohnt sich, das einmal auszuprobieren.

Fischerpförtchen 2, 67547 Worms
ÖPNV: Bus 410, Station Mathildenplatz

Ein Häusermeer der Geschichten

Die Judengasse

Wie ein mittelalterliches Städtchen wirkt Worms in der Judengasse. Bummelt man sie heute an der Stadtmauer entlang, schweift der Blick über jede Menge alter, aber immer noch bewohnter Häuschen. Viel hätten die Häuser hier zu erzählen. Einen Besuch wert sind die Synagoge und das Jüdische Museum im Raschihaus. Wann und wie das Ritualbad MIKWE wieder zugänglich wird, ist noch nicht absehbar.

Die Wormser jüdische Gemeinde gilt als eine der ältesten in Deutschland. Schon zur Römerzeit siedelten sich hier Jüd*innen an. Da diese angeblich Abbitte für die Kreuzigung Jesu geleistet hatten, galten sie als „fromm" und waren im frühen Mittelalter akzeptiert. In „Warmaisa" entwickelte sich ein Zentrum jüdischer Gelehrsamkeit, oft „Klein Jerusalem am Rhein" genannt. Dann kamen die Pogrome der Kreuzzugszeit, die Vorwürfe wegen Pestepidemien, der Neid aufstrebender christlicher Kaufleute. 1520 versuchte die Stadt, die Jüd*innen auszuweisen. Zwischen dem 16. und 18. Jahrhundert konzentrierte sich die jüdische Gemeinde in drangvoller Enge auf die Judengasse, ein wahres Ghetto. Nach der städtischen Judenordnung von 1584 durften Jüd*innen die Straße nachts und an christlichen Feiertagen nicht verlassen. Erst 1801 begann eine Zeit der Emanzipation. Und nicht einmal 150 Jahre später der Untergang: Mit den letzten Deportationen der Nationalsozialisten war die jüdische Gemeinde von Worms 1943 faktisch ausgelöscht. Die Dokumentationen von Annelore und Karl Schlösser sind wichtige Quellen hierzu. Heute wächst eine Gruppe emigrierter Jüd*innen aus den GUS-Staaten nach, die von der jüdischen Gemeinde Mainz aus betreut wird. Immer wieder kommen Kinder oder Enkel emigrierter Jüd*innen nach Worms, um die Wirkstätten ihrer Vorfahren zu sehen. Unvergessen ist „Warmaisa" bei vielen israelischen Tourist*innen auf Pilgerreise zu den Wurzeln des deutschen Judentums. Die Tourist Information bietet hierfür hebräische Führungen an.

TIPP: *Einkehrmöglichkeiten gibt es im Musiklokal SCHWARZER BÄR (abends) oder nebenan im CAFÉ AFFENHAUS mit leckerem Mittagstisch-Angebot.*

Judengasse, 67547 Worms
ÖPNV: Bus 401, 405, 430, 431, 434, 644,
Station Untere Kämmererstraße

Ein Juwel im Rathaushof
Das Reichsstädtische Archiv

Wer vor der Frontansicht des Wormser Rathauses steht, sieht einen nüchternen Nachkriegsbau aus dem Jahr 1958. Wie bei so vielem in Worms kann man auch hier hinter der Fassade ungeahnte Schönheiten entdecken. Dazu muss man den Durchgang und den mit Wiesenblumen bepflanzten Hof durchqueren und rechts eine zweite Hofeinfahrt betreten. Die repräsentativen Verwaltungsgebäude an der Hagenstraße sind hier von ihrer Rückseite zu sehen. Sie wurden 1883–85 nach Plänen des Architekten Gabriel von Seidl errichtet und nach 1945 wiederaufgebaut; ihre barockisierende Fassade ist am besten von der Hagenstraße aus zu sehen. In einem in den Hof hineingebauten Stufengiebelbau verbirgt sich ein Schatz, ästhetisch wie inhaltlich: das vom bedeutenden deutschen Heraldiker Otto Hupp mit Wappen und historisch anmutenden Pflanzenornamenten ausgemalte Reichsstädtische Archiv. Hier wurden ursprünglich die wichtigsten Urkunden und Kaiserdiplome zur Geschichte der Reichsstadt aufbewahrt. Hupp verewigte am Kreuzgewölbe der Decke symbolisch 800 Jahre Stadtgeschichte. Die jüdische Gelehrsamkeit wurde (1885, als es bereits antisemitische Strömungen in Deutschland gab) noch selbstverständlich mit abgebildet, sogar hebräische Buchstaben in die üppigen Wappenlandschaften eingeflochten.
Kunstvoll verzierte und beschlagene Antikschränke wurden zur Aufbewahrung von circa 2.800 Urkunden aus dem 11. bis 19. Jahrhundert angeschafft, die bis dahin nicht fachgerecht vorgehalten worden waren. Diese Grundlagenarbeit ist dem Archivar Heinrich Boos im Auftrag von Lederbaron und Stadtrat Cornelius von Heyl zu verdanken. Das moderne Stadtarchiv hat heute seinen Sitz in den oberen Stockwerken des Raschihauses. Doch geblieben ist die renaissancehafte, fast filmreife Szenerie des alten Archivbaus, die bei Sonderführungen oder bei Gelegenheiten wie der Kulturnacht oder dem Tag des offenen Denkmals zugänglich ist. Hier hat sich die Reichsstadt quasi malerisch neu erfunden.

Bürgerhofgasse, 67547 Worms
ÖPNV: Bus 401, 402, 430, 434, Station Marktplatz

6 Durch welche Pforte kam Luther nach Worms?
Die Martinspforte

Durch diese Pforte muss er gegangen sein, der standhafte Martin, auf kaiserliche Vorladung zum Reichstag im April 1521. Zehn Tage, vom 16. bis 26. April, brachte der eigenwillige Augustinermönch in der alten Reichsstadt zwischen Gewissensqualen und Todesangst zu. Groß war das Interesse an seinem Auftritt beim Volk, das ihm zujubelte oder neugierig in Augenschein nahm. Luthers Auftritt brachte die weitere Reichs-Tagesordnung völlig ins Hintertreffen. An zwei Tagen hintereinander wurde er aufgefordert, seine im Jahr 1517 ans Kirchentor zu Wittenberg genagelten Thesen zu widerrufen. Am ersten Tag erbat er sich Bedenkzeit. Am zweiten verweigerte er den Widerruf, wenn auch mit einigen Worten mehr als dem überlieferten, zusammengeronnenen „Hier stehe ich. Ich kann nicht anders. Gott helfe mir. Amen."

Bei seiner Abreise aus Worms hatte der einfache Mönch sich gegen den Kaiser durchgesetzt: In der seit karolingischer Zeit bestehenden Wormser Magnuskirche am Weckerlingplatz wurde von nun an der Gottesdienst reformiert durchgeführt. Hier startete der Siegeszug der Reformation durch Europa. Doch auch der Samen für die Religionskriege der nächsten Jahrhunderte war gelegt. Einige Orte, an denen sich Luther in Worms aufhielt, können lokalisiert werden, so auch das Stadttor, durch das er kam. Dort, wo heute die prächtige Pforte steht, befand sich das Nordtor der inneren Stadtmauer, und Luther reiste von Norden, genauer gesagt: von Oppenheim an. Das Original der Pforte fiel zwar 1689 den Flammen zum Opfer, wurde aber 1904, inspiriert von den Zeichnungen Peter Hammans, nach Plänen von Georg Metzler neu errichtet. Manchen ist der Bau noch als Alte Stadtapotheke bekannt und steht heute unter Denkmalschutz. Der Turm hat fünf Geschosse und ist auf beiden Seiten mit dreigeschossigen Nachbarbauten verbunden.

TIPP: *Im Erdgeschoss gibt es täglich Mittagstisch. Empfohlen seien aus dem Shop ein Fläschchen „Luthers Kräuterthesen" und Pasta in Lutherform, rheinhessische Weine, Pfälzer Spezialitäten sowie Saumagen in der Dose. Aus der Wormser Partnerstadt Parma gibt es Pestos, Pasta und andere Köstlichkeiten.*

Kämmererstr. 60, 67547 Worms
ÖPNV: Bus 408, 410, 430, 431, Station Untere Kämmererstraße

Legendenumrankter Ausguck
Luginsland

Richard Löwenherz soll an dieser Stelle gefangen gehalten worden sein und auch König Heinrich VII., der unbotmäßige Sohn des Stauferkaisers Friedrich II. Besonders bitter für Heinrich war, wenn schon nicht die Haftbedingungen, über die nichts Genaues bekannt ist: Während er hier schmachtete, heiratete sein Vater 1235 im Dom fast in Rufweite die junge Isabella von England, die eigentlich Heinrich zugedacht gewesen war. Für Richard Löwenherz war Worms nur ein relativ kurzer Aufenthalt innerhalb seiner anderthalbjährigen Haft, die er unter anderem auch auf dem Trifels und in Speyer verbrachte. Gefangen genommen worden war er auf dem Rückweg vom Dritten Kreuzzug, was damals unerhört war. In Speyer war dem König von Stauferkaiser Heinrich VI. ein „Prozess" gemacht worden, auf dem sich Richard so gut verteidigte, dass er Sympathien gewann. Auf dem anschließenden Wormser Hoftag im Juni 1193 ließ sich Heinrich auf eine Neufestsetzung des Lösegelds ein. 100.000 Mark Silber, vermutlich mehrere Schiffsladungen, wurden ins Stauferreich verbracht, bevor Richard im Februar 1194 freikam.

Der Wormser Gefängnisturm war vermutlich Teil der Stadtbefestigung. Der heutige Wohnbau wurde nach dem Zweiten Weltkrieg neugebaut. Er steht an der Stelle, an der bis 1945 das sogenannte Wergersche Schlösschen stand und nimmt einzelne von dessen Bauelementen vereinfacht auf. Bauherr Karl Wilhelm Werger war Stadtverordneter und besaß eine Brauerei. Um 1890 ließ er sich an dieser historischen Stelle eine prächtige neoromanische Villa errichten. 2018 wurde die Anlage erneuert. Prompt fand man hierbei Fundamente des mittelalterlichen Turms. Schon auf der berühmten Ansicht, die Stadtrat Hamman 1690 nach dem Stadtbrand aus dem Gedächtnis zeichnete, war der Turm eine Ruine. Die Treppenanlage entstand in den 1920er-Jahren. An ihrer Stelle erstrahlt die Grünanlage heute samt Brunnen in neuem Glanz: ein magischer Ort mit Aussicht, Höhepunkt der Stadtgrabenanlage.

Luginsland 67547 Worms
ÖPNV: Bus 401, Station Andreasstraße

Hochzeit in Rapunzels Turm
Pfeddersheimer Türme

Neun von zehn Türmen der ehemaligen Stadtmauer sind in Pfeddersheim noch erhalten. Über 600 Jahre war der Ort eine freie Reichsstadt neben Worms, 1969 wurde sie ein Wormser Vorort. Hübsch und eng umschmiegt von modernen Wohnhäusern liegt der frisch renovierte Türturm. Er wird so genannt, weil eine seiner Türen so hoch liegt, dass man eine Leiter bräuchte, um hineinzugehen. In diesem Turm kann man leider nicht heiraten, aber im Bürgerturm in der Ringstraße. 1611 wurde dieser erbaut und 1999 vollständig restauriert. Hier finden heute standesamtliche Trauungen statt. Im Trauzimmer haben maximal zwölf Personen Platz. Wer will da schon nach Las Vegas, um im kleinen Kreis zu heiraten?

Wer im Anschluss rheinhessische Sinnenfreuden genießen will, dem sei zur Wahl eines gemütlichen Weinguts geraten. In der seit Jahrhunderten berühmten Weinstadt hat man die Qual der Wahl zwischen so vielen Weingütern, dass man einen Wein-Wegweiser braucht. Ein solcher steht vor dem Schulmuseum und zeigt die Weingüter Götz, Ließ-Wenzel, Hinter der Kirche, Paternushof, Wehrhof, Goldschmidt, Burgunderhof und Wendel an.

Nach einem üppigen Mahl können das frisch getraute Paar und seine Gäste einen Historienspaziergang zu den übrigen Türmen machen. Am besten startet man am Schulmuseum rechts in Richtung des gelben, wohnlich ausgebauten Turms, des Sprenger. Danach folgt man der Straße entlang der ehemaligen Stadtmauer, bis ihre Verlängerung in einer Sackgasse endet. Erst heißt sie Cästrich, dann St.-Georgen-Straße und nach der Querung der Leiselheimer Straße Aulstraße. Die meisten der Türme sind in die heutige Wohnbebauung integriert. Im Aulturm befand sich früher ein Gefängnis.

Für eine romantische, gar nicht so teure Hochzeitsnacht mit historischem Flair geht es dann wieder zurück in den Bürgerturm oder auch auf eines der nahegelegenen Weingüter mit Gästezimmern.

TIPP: *Das Schulmuseum erinnert an Großvaters Flegeljahre, wird derzeit renoviert, ist aber mit etwas Glück auf Anfrage zu besichtigen.*

Ringstraße 28/30, 67551 Worms-Pfeddersheim
worms.de/de/stadtteil/pfeddersheim/Buergerturm.php
ÖPNV: Bus 405, Station Paternusschule

Seelenlandschaft
Schloss und Park Herrnsheim

9

Ein Englischer Garten mit Teichen, halbmondförmige Brücken, die Liebesschlösser verliebter Paare und eine verwunschene Insel, auf der manchmal Sommertheater gespielt wird – wer kommt hier nicht ins Träumen? Zumal, wenn man sich im Empireschloss, das diesen Park beherrscht, wie ein Fürstenpaar trauen lassen kann. Auch an Locations für die Hochzeitsfeier mangelt es auf dem Gelände nicht. Sowohl die ehemaligen barocken Wirtschaftsgebäude der Remise als auch das CHATEAU SCHEMBS (s. S. 132) können gemietet werden. Wer einfach nur zum Spazierengehen hierherkommt und etwas zum Essen oder Kaffeetrinken sucht, hat die Wahl zwischen der ORANGERIE am Parkeingang und dem künstlerisch inspirierten CAFÉ KABINETT im Schlosshof.

Besonders beliebt ist der Blick auf den Park bei Hochzeitsfotograf*innen: wegen der sanften Hügel und alten Bäume und des weiten Blickes in die grüne Ferne. Wer ein wenig weiter geht, entdeckt einen Teepavillon und den Schillerturm, der sich ebenso für kleine Feiern mieten lässt. Es ist mehr als fraglich, ob Schiller hier wirklich als Gast des Schlossherrn und Mannheimer Theaterintendanten Heribert von Dalberg gewohnt oder hier gar sein Sturm-und-Drang-Stück DIE RÄUBER geschrieben hat. Tatsache ist: Dalberg gab als Wormser Kämmerer und badischer Staatsminister den Anstoß zum Aufbau eines Nationaltheaters in Mannheim, an dem DIE RÄUBER 1782 uraufgeführt wurden. Eigentlich gehört der Schillerturm jedoch zur Herrnsheimer Ortsbefestigung aus dem 15. Jahrhundert. Inspirierend in diesem Park sind außerdem die Puttenfiguren, Statuetten, Liebesgrotten oder auch die vorbeiziehenden Wasservögel. Geplant hat ihn 1787 der berühmte Gartenarchitekt Friedrich Ludwig Sckell, der auch den Englischen Garten in München anlegte. Ab 2020 starten dringend notwendige Restaurierungsarbeiten im Schloss. Der Romantik im Schlosspark tut dies sicher keinen Abbruch.

TIPP: *Trauungen im Schloss sind wegen der bevorstehenden längeren Restaurierung nur noch bis Juni 2020 möglich.*

Herrnsheimer Hauptstraße 1, 67550 Worms-Herrnsheim
ÖPNV: Bus 407, Station Park

Geschichte im Untergeschoss
Die Woogbrücke

10

Bauunternehmer*in in Rom, das muss ein Graue-Haare-Job sein: Wo immer man gräbt, kommen einem zweieinhalbtausend Jahre Geschichte unter der Baggerschaufel entgegen. Mit Worms verhält es sich ähnlich. Beim Ausbau eines Verkehrsknotenpunktes zur B 47 wurde 2009 zunächst ein Kanal aus dem Ende des 19. Jahrhunderts entdeckt und wenige Tage später massive Sandsteinquader. Die Denkmalpflege wurde eingeschaltet, denn der Rheintorplatz ist stadthistorisch von großer Bedeutung; hier soll einmal eine Bastion gestanden haben. Es waren Mitarbeiter*innen der Bodendenkmalpflege, die im Anschluss eine alte Brücke über den heute verschwundenen Flussarm Woog und Teile der historischen Bastion freilegten – in beträchtlicher Tiefe unter dem heutigen Straßenniveau. Man entschloss sich, die Stelle nicht zu verfüllen, touristisch aufzubereiten und die moderne Straße um den Ort herumzuleiten. So blickt man plötzlich mitten auf der Kreuzung Wall-, Rhein- und Ludwigstraße hinab in das ehemalige Flussbett und auf die Mauerreste der Bastion. Diese war einer der Haupteingänge in die mittelalterliche Stadt. Durch ein Gitter hindurch kann man einen Blick unter die Brücke werfen. Bänke und Schautafeln geben dem verkehrsreichen Ort, der nachts angeleuchtet wird, etwas Einladendes, während oben der Verkehr vorbeibraust.

Mag die Brücke auch nicht prachtvoll aussehen, so ist dies doch ein Ort zum Innehalten. Hier kann man sich klarmachen, wie anders das Wormser Rheinufer ausgesehen hat. Wo heute das Backfischfest und der Pfingstmarkt stattfinden, auf der Kisselswiese, war jahrhundertelang Rheinschwemmland. Die kleineren Wasserarme Woog und Gießen umschlossen eine vorgelagerte Insel, auf der die Familien der Fischerzunft lebten. Daran erinnern die Straßen der Kleinen und der Großen Fischerweide („Fischerwääd", s. S. 202), in denen heute noch ehemalige Fischerhäuschen zu sehen sind. Der Woog verlief noch vor 200 Jahren etwa parallel zur heutigen Siegfriedstraße. Und die Wormser*innen spazierten zwischen all diesen Wasser- und Landteilen trockenen Fußes über Brücken wie die freigelegte Woogbrücke.

Rheintorplatz 2, 67547 Worms
https://www.worms.de/de/tourismus/sehenswertes/listen/woogbruecke.php
ÖPNV: Bus 410, Station Rheinstraße; Bus 431, Station Wallstraße

Willkommen im Worms Style
Die Nibelungenbrücke

Die schönste Art, geradezu kaiserlich Einzug in Worms zu halten, bietet die Fahrt über die Nibelungenbrücke. Besonders auf einer abendlichen Heimfahrt von der hessischen Rheinseite geht beim Anblick des Brückenturms, des Kaiserdoms mit seinen Türmen und der übrigen Turmlandschaft der alten Reichsstadt vielen Wormser*innen das Herz auf. Wie eine Trutzburg grüßt der neoromanische Burgturm, rückt dann immer näher und lässt einen schließlich unter sich hindurchrollen. Anheimelnd mittelalterlich wirkt diese bewohnte Brücke, wenn einige Fenster in den acht Stockwerken über dem Brückenbogen beleuchtet sind. Hier bieten christliche Pfadfinder Quartier. Zu Gelegenheiten wie dem Tag des offenen Denkmals sind die Brückenräume begehbar und bieten grandiose Ausblicke auf Worms und den Rhein.

Die schlanke Trutzburg stammt nicht etwa aus dem Mittelalter. Ihre 1945 zerstörte Vorgängerin wurde von Karl Hofmann 1897–1900 nach dem Vorbild des Mainzer Tors errichtet; „Nibelungenstil" wurde dies bald genannt. Auch auf der hessischen Rheinseite stand 1900 ein ähnlicher Brückenturm, doch nach seiner Zerstörung in den letzten Kriegstagen baute man diesen nicht mehr auf.

Anfang dieses Jahrhunderts verlangte der rasant angestiegene Verkehr den Bau einer weiteren Brücke, die mit einem großen Volksfest 2008 eingeweiht wurde. Seither fährt man auf der neuen Brücke zweispurig stadtaus- und auf der alten, 2009 sanierten stadteinwärts; täglich Zehntausende PKW und LKW. Jenseits der Brücke beginnt Hessen, bei Lorsch erfolgt schließlich die Anbindung an A5 und A67. Die Zunahme des Schwerlastverkehrs lässt am Horizont bereits eine weitere notwendige Brückensanierung auftauchen. Wann diese durchgeführt wird, ist noch nicht bekannt.

TIPP: *Per Rad oder zu Fuß kommt man sicher und mit tollen Ausblicken über die Brücke. Der Aufgang befindet sich kurz vor der Rheinpromenade.*

Rheinufer
ÖPNV Bus 410, Station Rheinpromenade

Ein Märchenturm zum Wohnen
Der Wasserturm am Karlsplatz

An Wassertürmen haben sich Architekt*innen im 19. Jahrhundert richtig austoben können. Umso besser, wenn sich ein solches, fast märchenhaft wirkendes Produkt des sogenannten neoromanischen Nibelungenstils in Worms über alle Zeiten vor Kriegszerstörungen und Abriss erhalten hat. Im Jahre 1890 nach Entwürfen von Karl Hofmann für die Wasserversorgung der westlichen Stadtteile auf damals freiem Gelände errichtet, war der Wormser Wasserturm bis 1972 in Betrieb. Heute kann man hier auf neun Stockwerken wohnen.

Mit seinem markanten Gesicht prägt der Wasserturm, der zusammen mit den Dom- und Kirchtürmen schon von weitem in der Stadtsilhouette auszumachen ist, den Karlsplatz. 1906 gesellten sich das Eleonorengymnasium, damals eine reine Mädchenschule, und 1912 der wuchtige Jugendstilbau der Lutherkirche hinzu. So unterschiedlich diese Gebäude sind, die dem Platz sein Gesicht geben, so sehr sind sie dennoch zu einem „Herzen der Weststadt" zusammengewachsen. Vor dem Schulgebäude, liebevoll „Elo" abgekürzt, turnen heute Kinder auf den Spielgeräten, Eltern und ältere Schüler*innen nutzen die schattigen Bänke für eine Verschnaufpause. Ein kindshohes Modell des Wasserturms „zum Anfassen" ragt neben den Spielgeräten aus dem Sand.

Und auch hier erzählen die Gebäude Geschichten. Viele der ersten Absolventinnen der ursprünglichen „Höheren Töchterschule", die später nach Großherzogin Eleonore von Hessen und am Rhein benannt wurde, waren Jüdinnen. Seit 1971 besuchen auch Jungen dieses schönste der drei Wormser Gymnasien. Und die Lutherkirche schließlich machte ihrer Aufschrift „Eine feste Burg ist unser Gott" im Jahr 2012 alle Ehre: Pfarrer Fritz Delp ließ eine Neonazikundgebung am Karlsplatz per Glockenschlag auseinandertreiben, was bundesweit Schlagzeilen machte. Der Name ist übrigens kein Zufall, der wehrhafte Pfarrer ist ein Neffe des NS-Widerstandskämpfers Alfred Delp. Er wurde für diesen klugen wie effektiven Einfall vom Bündnis für Demokratie und Toleranz ausgezeichnet.

Karlsplatz, 67549 Worms
www.wasserturm-worms.de
ÖPNV: Bus 405, 408, 418, 434, Station Karlsplatz

13 Für die Hebamme oder die Nächstenliebe?
Das Ammehäusje in Ibersheim

Geldbeutel geklaut und irgendwo weit weg von zu Hause auf der Suche nach einem Nachtquartier? Mancher heutige „Traveller" wäre in so einer Situation froh über ein Angebot wie das des Ibersheimer Ammehäusjes. 1788 wurde das Fachwerkhaus als Armenhaus neben dem Dorftor in Richtung Rhein errichtet. „Klopfte ein Fremder, so kam er ohne Geld wohl versorgt im Armenhäuschen gut unter", erklärt die Aufschrift. Heimatforscher und Künstler Fritz Kehr (1908–1985) kümmerte sich um das Kleinod im Mennonitenort Ibersheim, dem kleinsten Wormser Vorort, und verzierte es mit der Schnitzerei eines „Dukatenkackers". Weitere Darstellungen verkaufte er, um eine Restaurierung zu finanzieren. In den 1970er-Jahren gewann Ibersheim mehrmals beim Wettbewerb „Unser Dorf soll schöner werden" – bestimmt auch dank des Ammehäusjes.

Das am Dorfrand gelegene Häuschen hat noch eine andere Geschichte zu erzählen: Bis Anfang des 20. Jahrhunderts wurde es von der Hebamme Klara Bauer bewohnt, der am 25. November 1912 für ihre langjährigen Dienste die Silberne Verdienstmedaille von Großherzog Ernst Ludwig verliehen wurde. Seither wird diskutiert, ob es „Ammen"- oder „Armenhäuschen" heißt. In den 1990er-Jahren erwarb der Heimatverein den angrenzenden Schweinestall und baute beides zu einem Heimatmuseum aus. Wer es anschauen möchte, dem öffnet es der Heimatverein.

Ibersheim atmet noch ländliche Ruhe. Gehöfte und Gärten sind hier sehr groß. Denn die Mennoniten, die seit dem 18. Jahrhundert den Ort prägten, standen für fortschrittliche Landwirtschaft und erhielten den Familienbesitz, anders als damals üblich, ungeteilt in der Hand des erstgeborenen Sohnes.

TIPP: *Auch die kleine Mennonitenkirche ist einen Besuch wert.*

Heimatverein Ibersheim, Kirchplatz 3, 67550 Worms
ÖPNV: Bus 432, Station Mitte

Wochenmarkt drinnen
Eine mediterrane Markthalle in der Kaiserpassage

Auf dem Wochenmarkt ist Einkaufen noch ein Erlebnis. Man spricht mit den Verkäufer*innen und kommt mit anderen Käufer*innen ins Gespräch, die einem gleich den Kochtipp zum gekauften Spargel oder Spinat mitgeben. Uralte Familiengeschichten machen die Runde, wenn man an einen Stand mit Tradition gerät. Und am Ende kauft man immer viel mehr, als auf dem Einkaufszettel steht. Da hilft nur, die schweren Taschen erst mal bei einem Espresso macchiato gleich nebenan abzustellen und noch ein wenig die Wärme auf der Haut zu genießen, bevor es heim zum Einräumen und Kochen geht. Am Dienstag, Donnerstag und Samstag ist in Worms auf dem großen Marktplatz Wochenmarkt. Bei Schnee, Wind und Regen macht das Stehen und Kaufen am Stand weniger Spaß. Dafür gibt es in Worms zusätzlich den Wochenmarkt in der Kaiserpassage: An denselben Markttagen von 7 bis 13 Uhr herrscht meist wesentlich weniger Andrang als auf dem Marktplatz, auf dem die Warteschlangen auch mal länger werden können und mancher sich vielleicht über Gedrängel und vorlaute Mitmenschen ärgert. Die Ware ist genauso frisch, lokal und preiswert und wird mit einem ebenso freundlichen Lächeln verkauft. Denn so richtig herumgesprochen hat sich das Angebot mitten im Shoppingparadies noch nicht. Es ist wie in einer dieser mediterranen Markthallen, wie es sie in Spanien und Portugal gibt. Wer sich einmal daran gewöhnt hat, mit dem Kauf frischer Vitamine gleich den Bäcker, den Drogeriemarkt oder gar eine kleine „Selbstbelohnung" in den angrenzenden Schmuck- oder Kleidergeschäften zu verbinden, möchte diesen Luxus nicht mehr missen. Übrigens, Käffchen wie zufällige Begegnungen gibt es hier auch zur Genüge – und dazu noch mehr Wärme auf der Haut und zwar das ganze Jahr über!

TIPP: *Es lohnt sich immer wieder, sich von den wechselnden Ausstellungen in der Kaiserpassage inspirieren zu lassen. Von der aufwändigen Weihnachtsdeko bis zum Fotoshooting oder den Quizfragen zur Stadtgeschichte ist für jeden etwas dabei.*

Kaiserpassage Korngasse 2, 67547 Worms
ÖPNV: Bus 401, 402, 405, 409 Station Römischer Kaiser

15

Schöner Mann vor dem „schönsten Haus der Welt"
Siegfried-Darstellungen

Schönheit im Übermaß kann man dem modernen Haus zur Münze, Sitz der Wormser Bibliotheken, an dem Bustourist*innen die Stadt betreten, nicht attestieren. An seiner Stelle stand bis 1945 das sehr viel schönere CORNELIANUM und in der frühen Neuzeit ein prachtvolles Renaissance-Rathaus, das damals als „schönstes Haus der Welt" gepriesen wurde. Bekannt ist sein Aussehen durch die unschätzbar wertvollen Zeichnungen des Peter Hamman, der 1690 aus dem Gedächtnis das von den Franzosen verbrannte Worms rekonstruierte, um (vergeblich) nach dem Erbfolgekrieg Schadensersatz zu fordern.

Jung und schön kommt jedoch Siegfried auf dem Siegfriedsbrunnen mit seinen Arkaden und Treppchen vor dem heutigen Bau daher, 1913 von Adolf von Hildebrand geschaffen. Und gleich noch einmal tritt der Held links am Bibliothekseingang in Erscheinung: auf dem Relief von Georg Wrba, das den Einzug eines selbstherrlichen Muskelprotzes mit zwölf (!) Gefährten am Burgunderhof zu Worms darstellt. Wie die ganze Nibelungengeschichte wurde auch die Siegfriedfigur durch ihren Missbrauch für den deutschen Nationalismus „kontaminiert". Dass man gerade Siegfried allmählich den Überzeichnungen entreißen muss, daran arbeiten die Nibelungenfestspiele seit 2002. Auch mit dem blonden, aber nicht sehr hellen „Schlagetot" verharrt man im Klischee. Dagegen setzen Autor*innen und Kulturhistoriker*innen Kontrapunkte. Siegfried trete im Nibelungenlied als schlau und friedensstiftend auf, schreibt etwa Jürgen Lodemann und lieferte dazu gleich einen Roman. Und Volker Gallé, Wormser Kulturkoordinator, arbeitete für die Nibelungenliedgesellschaft verschiedenste Facetten der Siegfried-Figur allein im 19. Jahrhundert heraus – je nachdem, wofür der Zeitgeist gerade eine Projektionsfigur brauchte.

Schön war ganz Worms wohl noch zu Zeiten Luthers. Das demonstriert am Bibliothekseingang eine Animation, die die Betrachter*innen durch Gassen und Fachwerkhäuser mitnimmt bis zum Bischofshof.

TIPP: *Der 2017 im ZDF gezeigte Lutherfilm ZWISCHEN HIMMEL UND HÖLLE enthält Animationen zu Worms von 1521.*

Marktplatz 10, 67547 Worms
ÖPNV: Bus 401, 402, 430, 434, Station Marktplatz

Dreieckiges Entrée mit Nibelungencharme
Die Ernst-Ludwig-Schule

Beeindruckend kommt bei der Anfahrt von der Nibelungenbrücke ein denkmalgeschützter Altbau mit großzügigem Vorplatz in den Blick: die Ernst-Ludwig-Schule. Bäume, Sitzbänke, Fahrradständer und ein Denkmal für den bau- und innovationsfreudigen Wormser Bürgermeister Wilhelm Küchler (1882–98) haben hier am Barbarossaplatz ein dreieckiges Entrée geschaffen. So wirkt auch das ursprüngliche Treppenportal des Schulbaus zum Rhein hin wieder einladend und repräsentativ. Denn seit Jahrzehnten erfolgt der Zugang über den Schulhof auf der Gebäuderückseite. Seit 1978 ist im Gebäude eine Grundschule mit circa 240 Schüler*innen untergebracht. Zuvor war das nach Plänen von Karl Hofmann 1905 errichtete Neorenaissance-Gebäude Sitz des altsprachlichen Gymnasiums, das 1977 ins neue Schulzentrum BIZ umzog. Rheinseitig steht noch ein „Direktorenhaus", am Schulhof in der Gießenstraße ein „Hausmeisterhaus", das heute privat genutzt wird.

Seit der Sanierung können die Schüler*innen ihre Pausen in einem naturnah angelegten Schulhof verbringen. Benannt ist die Grundschule nach Großherzog Ernst Ludwig von Hessen und bei Rhein, in dessen Herrschaftsbereich Worms im 19. Jahrhundert fiel. Der Herzog, ein musisch veranlagter Mensch mit liberalen politischen Vorstellungen, machte sich um die Förderung von Kunst und Kultur verdient und war selbst schriftstellerisch, musikalisch, als Maler und Theaterförderer tätig. Bildung und gute Betreuung – beides kann für Kinder aus schwierigen Verhältnissen zum Rettungsanker für die eigene Entwicklung werden. Hier leisten das Ganztagsangebot der Spiel- und Lernstube, eine Vielzahl an AGs und die Erfolge der schulischen Schach-AG einen wertvollen Beitrag. Das neue Erscheinungsbild wirkt sicher motivierend, zumal die Schüler*innen zuvor vier Jahre lang per Bus in einen Ausweichcontainer im Stadtteil Neuhausen gefahren werden mussten, bevor 2019 Neueröffnung gefeiert werden konnte.

Gießenstraße 5, 67547 Worms
https://www.worms.de/de/web/ernst-ludwig-schule
ÖPNV: Bus 410, 644, Station Rheinstraße

Eine alte Römerin, die es faustdick hinter den Ohren hat

Die Wollstraße

An der Ecke Wollstraße/Römerstraße steht noch ein römischer Meilenstein aus dem Jahr 253. Beide Straßen verlaufen gerade und rechtwinklig zueinander, typisch für römische Städte. Mit großer Wahrscheinlichkeit lagen sie im Zentrum der Römersiedlung Vangionis, die um 200 nach Christus etwa doppelt so groß war wie der mittelalterliche Stadtkern. Das Forum wird dort vermutet, wo heute der Dom steht, der zentrale Jupitertempel an der Stelle des Heylshofs. Auch beim Pauluskloster wurden römische Gebäudereste sowie Spuren einer breiten Römerstraße gefunden. Worms diente den Römern als Kastell zur Sicherung der Rheingrenze, eine Legion war hier stationiert. Bedeutsam sind die Glasfunde sowie die „Gesichtskrüge" aus der Römerzeit, die auf eine hohe Kunstfertigkeit schließen lassen und heute im städtischen Museum (s. S. 58) aufbewahrt werden. Für Nibelungenfans interessant ist die Geschichte um das Volk der heidnischen Burgunden, die von den Römern im Jahr 413 in Worms angesiedelt wurden, um die Legionen bei der Grenzverteidigung zu entlasten. Sie wurden Christen und eroberten unter König Gundahar (!) eigenmächtig Gebiete der Provinz Belgica, bis Feldherr Aetius ihnen eine Lektion erteilte. 436 zerstörten die Hunnen Worms, Aetius siedelte die restlichen Burgunden an den Genfer See um. Hier liegen einige Inspirationsquellen für das Nibelungenlied. Andere liefert die Historie etwa 200 Jahre später mit der Wormser Merowingerkönigin Brunichildis. Nach jahrzehntelangem Familienzwist mit dem ihr verschwägerten Königshaus in Paris, in dessen Verlauf schon ihre Schwester ermordet worden war, wurde sie im Jahr 613 von einem Enkel ihres Schwagers erst geschleift, dann grausam hingerichtet: Da war sie bereits etwa 70 Jahre alt.

Heute sind von der Wollstraße aus noch größere barocke Hof- und Handwerkeranlagen des 18. Jahrhunderts, hohe Gartenmauern und der Zugang zum FKK-Club FEIGENBLATT zu sehen. Letzterer (nicht der abgebildete Hof!) ist nicht ganz so alt wie die Römer, gilt aber im Volksmund als eine der ältesten einschlägigen Adressen dieser Art in Deutschland.

Wollstraße und Kleine Wollgasse, 67547 Worms
ÖPNV: Bus 401, 402, 430, 434, Station Marktplatz

Lesen mit allen Sinnen
Die Buchhandlung **AQUARIUS**

Dieser Laden am Tor zum Wasserturmviertel gehört zu den Orten, an denen die Zeit intensiver vergeht. Seit 1973 ist hier ein Esoterik-Buchladen zuhause, der nach mehreren Besitzer- und Namenswechseln 2015 von Claudia Braunisch übernommen wurde. Sie kommt aus einem medizinischen Beruf (PTA) und erfüllte sich hier ihren Traum. Hölzerne Galerien eröffnen ein zweites Stockwerk, über und über mit Bücherregalen bestückt. Brandneues findet sich neben antiquarischen Raritäten. Leseecken mit Lampen, Stühlen und Kissen scheinen den Besucher*innen zuzuraunen: ‚Verweile doch …‘ In der kuscheligen Kinderecke machen es sich die Kleinen mit der Toniebox oder auch mit ganz klassischen Kinderbüchern gemütlich. Lesen ist hier ein sinnlicher Rundum-Genuss. Frau Braunisch berät ihre Kund*innen unvoreingenommen beim Bücherkauf. Überall flutet Licht hin. Der Blick schweift umher zu immer neuen Entdeckungen: Bücher über Yoga, Tai Chi, Atmung, alternative Heilkunst, Buddhismus, Weltreligionen, Gesichtslesen oder Waldbaden. Zur Festspielzeit fehlen auch die Nibelungen und andere Mythen nicht. Doch natürlich gibt es auch Romane, Sachbücher, Bestseller. „Ich werde oft gefragt, ob ich auch ‚normale' Bücher habe", lacht die Inhaberin. Selbstverständlich! Was nicht vorrätig ist, lässt sich am Folgetag abholen. Und dabei kommt man über ein Gemälde, ein witziges Accessoire wie Motto-Geschenkdosen, eine Figurine oder einen Edelstein, über Tarot- oder „Zigeunerkarten", über die Kabbala oder einen neuen Wormser Liebesroman ins Gespräch. In keinem anderen Wormser Buchgeschäft finden so viele Lesungen statt: mit Wormser*innen, regionalen und auch überregional bekannten Autor*innen. Spirit, Würde und Herzblut kann man nicht kaufen – aber hier erleben.

TIPP: *Gleich nebenan liegt der ebenso traditionsreiche TEEBASAR, dessen Betreiber Klaus Kuprenas seit 42 Jahren als „Tee-Klaus" bekannt ist. Auch hier ist immer Zeit für Teegenießer-Tipps, einen Plausch über Indien, Asien und die Geheimnisse der Gewürzküche.*

Zornstraße 1, 67549 Worms
www.buchhandlungaquarius.de
ÖPNV: Bus 405, 408, Station Burkhardstraße

Hier gibt's was auf Kopf und Ohren
Das Fachgeschäft HUT UND ROBE

In diesem charmanten Laden darf die Fantasie ihre Flügel ausbreiten, darf man sich von unzähligen Hüten in Szene setzen lassen. Viele Stars der Nibelungenfestspiele haben sich bei HUT UND ROBE, auf der Straßenseite gegenüber dem Festspielpark am Heylshof, schon einen Traumhut ausgesucht, ob Jürgen Prochnow, Roland Renner oder Anouschka Renzi. Modistin Stephanie Salm, die das Geschäft 2003 von ihrer Mutter übernommen hat, bietet einem Wormser Stammkundenkreis individuelle Hüte und seit 2014 auch Gewandungen: für Mittelalter, Renaissance oder keltisch, Gothic, für LARP, Cosplay oder Rollenspiele. Wer Rüstung oder Lederwams, Schuhwerk, Adelsgewänder, Magd- oder Knecht-Gewandung sucht, wird nicht enttäuscht.

Seit über 100 Jahren ist der Laden an dieser Stelle in Frauenhand – und voller Hüte.1905 eröffnete Emilie Klein hier den ersten Hutladen. 1955 übernahm ihn Stephanies Mutter Hedi Müller und führte ihn als Wormser Hutladen ihrerseits über 50 Jahre lang. Heute bietet Stephanie Salm Kopfputz vom Marlene-Dietrich-Look bis zu märchenhaften Johnny-Depp-Zylindern. Der gute alte Panamahut oder eine klassische Melone sind bei den Herren wieder en vogue, im Winter natürlich auch klassische Hüte wie Stetson. Nicht nur Künstler*innen schätzen den charakteristischen Kopfputz als Teil ihres Images. Auch für einige Wormser Persönlichkeiten wurde er zum unersetzlichen Attribut. Denn mit Hut ist eine Dame oder auch ein Herr auf jeder Party etwas Besonderes.

Für den nächsten Mittelaltermarkt kann man sich hier authentisch einkleiden. Frau Salm ist selbst aktiv in der Szene und betreibt ein eigenes Lager auf dem SPECTACULUM (s. S. 168). Mit ihrem Mann Tom („TaurusPalatinus") wird sie als „Stephania, die Behüterin" zum DUO WORMEZ, singt und spielt auf einem Dutzend Mittelalterinstrumente. Beim Hantieren mit Dudelsack und Laute stehen für Stephanie Salm Spaß, Tanz und Frohsinn im Mittelpunkt, auch bei neuzeitlichen Hochzeiten. Und als Zugabe weiß das Ehepaar eine ganze Menge zeitloser, kurzweiliger Geschichten zu erzählen.

Stephansgasse 4-6, 67547 Worms
www.wormserhutladen.de
ÖPNV: Bus 401, 402, 430, 434 Station Marktplatz

Unverpackt. Fair. Regional
Die Liaison von LOTTE & KLARA

Seit 2019 kann man in Worms wieder einkaufen wie zu Urgroß-mutters Zeiten: bei LOTTE & KLARA in der alten Pferdemetzgerei. Hier füllt man sich seine deutschen Strauchtomaten, Feldsalat, Thymian oder Minztee aus Offstein, seine Müslizutaten oder auch sein Biowaschmittel in mitgebrachte Gefäße ab: Tupperwa-re, Schraubgläser oder -flaschen, für Waschmittel Altpackungen. Diese wiegt man selbst ab, erst leer, dann voll. Das hat sich gut eingespielt, berichtet Katharina Kalla aus dem Gründerkreis. Ge-meinsam erarbeiten sich das Ladenteam und seine Kund*innen so manches, etwa, wie man Bratöl oder Spülmittel klecksfrei ab-füllt.

Getragen wird die Unverpackt-Initiative vom REKIZ e.V., der be-reits den Vorgänger-Regionalladen LOTTE in einem Teil der Räume betrieb. Zu den Vereinszielen gehören Umwelt- und Naturschutz, Tierwohl, Verbraucherschutz und die Förderung regionaler Kunst. Man kauft von biozertifizierten Anbieter*innen aus der Region, Landwirt*innen und heimischen Manufakturen und steht persönlich in Kontakt mit ihnen. Das zusatzstofffreie Dinkelbrot kommt von MEISTER HANS aus Bobenheim-Roxheim; der Bergkloster-Wein aus Westhofen. Um die Preise erschwing-lich zu halten, ist auch ein Biogroßhändler dabei. Renoviert wur-de in dreimonatiger Eigenarbeit, Tag und Nacht neben dem Voll-zeitjob; finanziert über Crowdfunding, Startnext und place2help. Entstanden ist dabei ein unvergleichliches Zusammengehörig-keitsgefühl.

Schon vor der Eröffnung wurde der Laden beim POPUP-Festival zur Ausstellungs-Location. Das Festival, 2018 mit dem „Ehrensa-che"-Preis des SWR und des Landes Rheinland-Pfalz ausgezeich-net, bringt Jugendkultur und leerstehende Geschäfte zusam-men. Mit der Lesung der Berliner Autorin Ronja von Rönne im Laden ging es weiter. Dass diese behauptet, sich in Worms ver-liebt zu haben, hing mit Sicherheit mit den positiven Vibes hier zusammen. Künftig kann man den Einkauf im Wohnzimmer-Café nebenan mit einem Käffchen ausklingen lassen.

Rotkreuzgasse 4, 67547 Worms
https://www.facebook.com/lotteundklaraworms
ÖPNV: Bus 401, 402, 430, 434, Station Marktplatz

Der Duft des Orients
MISK AL-IRAM

Immer der Nase nach! In der Valckenbergstraße verbirgt sich ein einzigartiger Laden: eine Orientparfümerie, in der Kund*innen über 300 verschiedene Düfte finden und nach Wunsch in unterschiedlicher Qualität und Menge abfüllen lassen können. Wenn man den Laden mit den übersichtlich aufgereihten, goldenen und gläsernen Flacons betritt, umweht einen bereits ein subtiles Duftgemisch. Für einen Moment fühlt man sich ins provenzalische Städtchen Grasse aus dem Film DAS PARFÜM oder einen Souq in Kairo versetzt.

Allein über „Nase-zu-Nase"-Propaganda, Instagram und weitere soziale Medien gewann Imran Hanif, bis nachmittags in einem technischen Beruf tätig, Kunden aus ganz Deutschland. „Ich wurde krank nach Düften", erzählt er über das Entstehen seiner Geschäftsidee. Konkurrenz hat er so wenig, dass er bereits an eine zweite Filiale denkt. Die hohe Qualität seiner Düfte – bis zu 60 Prozent Parfümanteil – und ihr wie im Orient hoher Anteil an Ölen sprechen sich herum. Im kleinen Duftroller kann man sogar hundertprozentiges Parfüm kaufen. Hoch geschätzt wird auch die typgerechte Duftberatung und „Verkostung", die es hier gibt. Was bei der Weinprobe das Weißbrot, ist bei der Parfümprobe ein Glas mit Kaffeebohnen. Um die Düfte wieder besser wahrnehmen und unterscheiden zu können, riecht man daran oder zerkaut eine Kaffeebohne. Das Wort „Misk" im Geschäftsnamen bedeutet übrigens „Duft". Geliefert werden die Düfte aus Grasse, London oder Kuwait. Bei den Damen stehen Poison- oder Bulgari-inspirierte Düfte hoch im Kurs, bei den Herren der Hausduft SUFYAN, benannt nach Imrans Sohn: eine sanfte, sich nach und nach entfaltende Komposition aus Moschus, Rose, Adlerholz und anderen Komponenten. Ein Knüller sind Duftöle für den gepflegten Vollbart. „Duftende Geschenke zu Weihnachten, zum Zuckerfest, zum Geburtstag oder für den liebsten Menschen sind sehr beliebt", sagt Imran, der italienische und pakistanische Wurzeln hat und bei Worms wohnt. „Damit sagt man mehr als tausend Worte."

Valckenbergstr. 12, 67547 Worms
https://www.facebook.com/MiskAllmran
Bus 402, 409 Station Valckenbergstraße

Sag es mit süßen Rosen
Der BÄRENTREFF

Hier schenken Verliebte einander gern Süßes, etwa süße Herzchen mit Saftfüllung oder fruchtige rote Röschen, am liebsten in der Herzpackung überreicht. Wer seine Lieben kennt, weiß auch, ob sie etwa auf Gin Tonic stehen oder nur laktosefreie oder vegane Süßigkeiten genießen wollen. Gummibärchengenuss muss außerdem nichts Ungesundes sein: Es gibt Sorten mit 30 Prozent weniger Zuckeranteil, köstliche Geschmackserlebnisse beim Draufbeißen auf eine Fruchtsaftfüllung und sowieso die unglaublichsten Farben, Formen und Geschmacksnoten.

Der BÄRENTREFF in der Kämmererstraße ist ein witziges, dreieckiges Minigeschäft, das dennoch die ganze Palette des bewährten Angebots enthält: ob vegan, sauer oder pikant, oder ob Bärchen mit 27 Prozent Fruchtsaftanteil. Wer nicht nur auf Süß steht, findet auch Lakritzprodukte aus Skandinavien oder aus Bayern. Es gibt Fruitsnacks in Fruchtform, Smoothie Fruits, Frozen Joghurt, Gruseliges wie die beliebten Hirnies, die auch für alle Arten von Prüfungen beliebt sind: Hirn braucht man schließlich immer! Weihnachtliches, Österliches oder etwas fürs Partyvolk wie Strawberry Daiqiry, Kussmünder als Erdbeer Mint, Red Hot Chili Peppers oder Ingwersticks in der Erkältungssaison. Natürlich auch die klassischen Bärchen und Colaflaschen. Bei Chefin Daniela Kraus gehen Familien, Schüler*innen oder junge Mütter ein und aus. Man kann sich seine Lieblingsbären abwiegen und individuell verpacken lassen oder fertige Packungen kaufen. Oft gibt's noch eine süße Dreingabe dazu.

Witzige Geschenkideen sind neben den beliebten Herzen die „Notfall"-Büchsen oder „Pillenboxen" für Krankenhausbesuche, Pizza oder Sushi-Sets oder ein Auto voller Fruchtautos zur bestandenen Führerscheinprüfung. Daniela Kraus gibt den Besucher*innen auch immer mal etwas zum Probieren. Und wer bei so viel Süßem an seine aufgebrauchten Kaffeevorräte denkt, nimmt gleich noch eine Wormser Mischung der Rösterei ROESTGRAD mit, die früher direkt nebenan ein winziges Geschäft hatte und jetzt ihre Kaffees hier mitverkauft.

Kämmererstraße 22, 67547 Worms
www.Baerentreff.de
ÖPNV: Bus 401, 402, 430, 434, Station Marktplatz

„Heaven is a place in Worms"

Der Plattenladen HEAVEN RECORDS

28 Jahre lang war der Plattenladen von Oliver Brandt in der Rheinstraße Anlaufstelle für alle Vinylfans. Seit 2019 ist HEAVEN RECORDS in die zentraler gelegene Stephansgasse gezogen. Neben dem bisherigen Stammpublikum aus der gesamten Region wühlen seither deutlich mehr Frauen und Mädchen in den reichen Beständen, freut sich der Inhaber. Der promovierte Sozialpädagoge, der die Kundschaft mit enzyklopädischem Musikverstand berät, kauft auf den Plattenbörsen in Amsterdam, Brüssel, Straßburg oder Luxemburg ein. Die Sammlung schätzt er auf insgesamt 20.000, nicht alles kann im Laden ausgestellt werden. Hier findet sich Secondhand-Ware und Antiquarisches wie auch fabrikneu Gepresstes. Die Bestände sind nach Genres und Interpret*innen gut sortiert: Neben Hardrock, Indie oder allerlei Underground-Raritäten werden hier auch Fans von David Bowie, Kiss, Rock und Pop der Achtziger und Neunziger, Stones, Doors oder Eagles fündig.

Jahrzehntelang war Brandt stets für seine Besucher*innen weit über die Musikberatung hinaus da: Ob Reden über Gott und die Welt, konkrete Lebenshilfe, Jobsuche, Beziehungen – Brandt liebt diesen Kontakt und hilft, wo er kann. Als der Laden einmal kurzfristig einen finanziellen Engpass hatte, setzte Brandt einen Hilferuf über die sozialen Medien ab – und wurde von einer wahren Unterstützungsflut überrollt. #jederkaufteineplatte lautete das Hashtag, das Peter Englert, Sänger der Wormser Band DÖFTELS, lostrat. Und sie kauften, spendeten und erschienen im Schwarm vor dem Geschäft. Manche kamen gar nicht durch und reichten anderen einen Schein weiter mit einem Gruß. Der Inhaber, der mit seinem weißen Vollbart jedem echten Rocker Ehre macht, ist heute noch sichtlich gerührt. Nach drei Tagen war die Schuld beglichen. Damals entstand das Motto „Heaven is a place in Worms".

Heute ist Vinyl sexy wie nie. „Die Platte war nie weg", stellt Brandt den Mythos vom Plattensterben richtig. Mit monatlichen Konzerten und den Auflege-Abenden VINYLSAUSE schlägt hier das gerillte, leise knisternde Herz von Worms. Denn heute nimmt man sich wieder mehr Zeit zum Leben, auch für die paar Handgriffe mehr beim Musikhören.

Stephansgasse 3, 67547 Worms
www.facebook.com/heavenrecordsworms
ÖPNV: Bus 401, 402,430. 434 Station Marktplatz

24

Die Stadt vom Kirchturm aus
Die Magnuskirche

Besonders schön ist in Worms der Rundumblick vom Turm der kleinen Magnuskirche, der zu Anlässen wie dem Tag des offenen Denkmals zugänglich ist. Derzeit werden das romanische Portal, Mauerwerk, Putz, Turmaufsatz („Laterne") und Dach nach den Richtlinien des Denkmalschutzes renoviert. Beispielsweise wird für die Fugen historischer Mörtel verwendet, der länger zum Trocknen braucht. Dennoch finden weiter Veranstaltungen in der ältesten und kleinsten der Wormser Kirchen statt, in der schon 1521 der erste reformierte Gottesdienst nach Luther stattfand. So etwa das kleine Festival der Tage mittelalterlicher und frühneuzeitlicher Musik, WUNDERHOEREN. Der gemeindenahe Chor TEMPTATION GOSPEL VOICES probt hier und gibt regelmäßig Konzerte. Im Sommerhalbjahr bietet das Begegnungscafé der Gemeinde dienstagmittags ein kostenloses saisonales Mittagessen in zwei Gängen von der Hand ehrenamtlicher Köch*innen an.

Am letzten Adventssonntag steigen gut 30 Musiker*innen des Posaunenchors Wormser Barockbläser unter der Leitung von Holger Weiß auf den Kirchturm und geben ein Adventskonzert, das als Turmblasen jedes Jahr Tausende Besucher*innen anzieht – auch bei Regen, Sturm oder Eis. Eine Hälfte der Musiker*innen steht auf den Turm der Magnuskirche, die andere steigt auf den mehrere Hundert Meter entfernten Südwestturm des Doms. Im Im musikalischen Wechselspiel singen die Besucher*innen nun zwischen Weckerlings- und Domplatz, eingewickelt in Schal und Mantel, die Weihnachtslieder mit, deren Texte zuvor ausgeteilt wurden. Die Andreasstraße wird für den Verkehr gesperrt. Seit' an Seite singen Jung und Alt unter freiem Himmel, Nachbar*innen und Fremde – eine öffentliche Weihnachtsfeier im Kreis der Stadtfamilie. Einige reisen sogar von weit her an. Andere Städte haben das Turmblasen mittlerweile nachgeahmt. Eingeführt hatte dies der ehemalige Ensembleleiter Heinz Knodt 1990, damals noch auf dem Turm der Dreifaltigkeitskirche.

Dechaneigasse 3, 67547 Worms
https://magnusgemeinde-worms.ekhn.de
ÖPNV: Bus 401, Station Domplatz

25

Ein Kreuzgang voller Inspiration

Das neue Museum Andreasstift

Das Festival WORMS:JAZZANDJOY (s. S. 204) ist hier mit Konzerten des klassischen Jazz groß geworden und ebenso ist es die Theatergruppe von Kirsten Zeiser, die sich THEATER IM MUSEUMSHOF nennt und die Türme des Andreasstifts als Logo gewählt hat (s. S. 134). Im Hof des städtischen Museums Andreasstift fanden außerdem RÖMERTAGE statt, stilvolle Dinner des Dombauvereins und Empfänge der Freunde der Nibelungen-Festspiele. Der ehemalige Klosterkreuzgang ist eine exklusive Adresse und Quelle der Inspiration. Für die große Lutherausstellung im Jahr 2021 wird der Innenhof derzeit um zwei weitere Kreuzgangsflügel erweitert. Das städtische Museum wird saniert, seine Ausstellungsflächen auf 1.000 qm vergrößert und damit verdoppelt. Bauherr ist unter anderem der Altertumsverein. Wie so oft bei Wormser Bauvorhaben fand man auch hier Erhaltenswertes, nämlich Gräberspuren im Museumshof, die im weiteren Verlauf gesichert werden mussten. Die Kreuzgangsflügel und die Umgestaltung der Andreaskirche zu einem Entrée mit Ausstellungsbereich sowie die Sanierungen im Erdgeschoss liegen im Zeitplan. Wie und wann im oberen Stockwerk die Dauerausstellung zur Stadtgeschichte mit ihren beachtlichen Funden römischer Gläser, keltischer Grabfunde, das sogenannte Lutherzimmer und die Exponate zur Lederindustrie künftig präsentiert werden, wird noch entschieden. Die alten Kreuzgangsflügel bleiben offen, die neuen erhalten Fenster. Moderne Vitrinen und Museumsstandards halten Einzug. Spätestens zur Eröffnung der Landesausstellung zum 500. Jahrestag des Reichstags zu Worms, auf dem Luther den Widerruf verweigerte, wird alles fertiggestellt sein. Unter dem Titel „Hier stehe ich. Gewissen und Freiheit – Worms 1521" schlägt die Ausstellung den Bogen in die heutige Zeit: Welche Rollen spielen Gewissen und Freiheit heute? Bis dahin bleibt das Museum vorerst geschlossen. Doch auch von außen hat das Gebäude am Weckerlingplatz unbestreitbaren Charme.

Weckerlingplatz 7, 67547 Worms
https://www.worms.de/museum-andreasstift
ÖPNV: Bus 401, Station Domplatz

26

Ein Ort des Geistes und der Musik
Die Pauluskirche

Selbst der Dom kann nur schwer mit dem intimen, spirituellen Ambiente der Pauluskirche konkurrieren, wenn es um eine stimmungsvolle Weihnachtsmette oder ein festliches Neujahrskonzert geht. Akustik und die barocke Innenausstattung sind gleichermaßen ideal für klassische Konzerte, Chöre und Kammerkonzerte. Die romanische Pauluskirche, 1002 von Bischof Burchard auf den Resten einer Salierburg errichtet, scheint Musik, zumal barockzeitliche, förmlich zu atmen. Nicht umsonst gründete sich im Dunstkreis der Pauluskirche das kleine Barockorchester PULCHRA MUSICA um den in Worms lebenden Dirigenten Christian Bonath mit dem Ziel, barocke Werke auf original gestimmten Instrumenten zur Aufführung zu bringen. Auf seine Initiative gründeten sich außerdem der Chor ENSEMBLE PAULINUM sowie die Wormser BACH-SOLISTEN. Erstaufführungen und Wiederentdeckungen alter Komponisten, etwa auch der Bachsöhne, sind Bonaths Spezialität – am schönsten zu erleben natürlich in der Pauluskirche.

Im 13. Jahrhundert wurde der Ostchor ausgebaut. Die Türme erhielten Dächer im byzantinischen Stil, die an die Grabeskirche in Jerusalem erinnern. Ein gotischer Kreuzgang entstand. 1689 wurde die Kirche im großen Stadtbrand zerstört, den die Soldaten Ludwigs XIV. im Pfälzischen Erbfolgekrieg legten. Im 18. Jahrhundert erstand die Kirche als barocke Saalkirche neu. Auch dieser Stift-Anlage blieb die Säkularisierung nach den napoleonischen Reformen nicht erspart. Aus der Kirche wurde ein Warenlager. Ab 1880 zog das Stadtmuseum hier ein, bevor es 1929 ins Andreasstift (s. S. 58) wechselte, wo es bis heute verblieben ist. Seit 1929 ist die Pauluskirche die Klosterkirche der Dominikaner. Im Zweiten Weltkrieg beschädigt, wurde sie 1947 wiederaufgebaut und 1999 renoviert. Der barocke Hochaltar im Chor war ursprünglich einmal für die Pfarrkirche St. Peter von Herrnsheim geschaffen worden und kam erst 1928 hierher. Etwas Besonderes ist die im Inneren dargestellte Passionsgeschichte vor der Szenerie des alten Worms. Das prächtige Bronzetor am Portal ist eine Kopie der Bernwardstür des Hildesheimer Doms.

Paulusplatz 5, 67547 Worms
www.dominikaner-worms.de
ÖPNV: Bus 401, 405, 407, 408, 431, Station Marktplatz / Petersstraße

27

Erinnerungen an mediterrane Sommernächte

Der Kreuzgang im Pauluskloster

Ein magischer Ort, an dem sich philosophische Gespräche fast von selbst ergeben, ist der Kreuzgang im Pauluskloster. Im Frühjahr und im Herbst laden die Dominikanerpatres regelmäßig zu den Kreuzgangsgesprächen und -konzerten ein. Besonders in der schönen Jahreszeit weckt der lauschig begrünte Kreuzgang mit plätscherndem Brünnchen Erinnerungen an jasminduftende Sommernächte am Mittelmeer.

Die kleine Ordensgemeinschaft hat oft interessante Referent*innen zum Kreuzgangsgespräch über Gott und die Welt zu Gast: Journalist*innen, die aus dem Vatikan berichten, Referent*innen, die vom Christentum in anderen Ländern erzählen, oder auch den Wahlwormser und Parteienforscher Karl Rudolf Korte. Ein anderes Format sind die kammermusikalischen Konzerte mit selten aufgeführter klassischer Musik. Viele Veranstaltungen finden wettersicher im überdachten Teil des Kreuzgangs statt. Bei schöner Witterung nehmen die Besucher*innen ihr Gläschen Klosterwein (Wernersbach Spätburgunder trocken) im Anschluss mit in den Innenhof und kommen an Stehtischen miteinander, mit den Referent*innen und den Patres ins Gespräch.

Anders als ihre oft berüchtigten Vorgänger sind die heutigen Dominikaner hochgebildet und stehen mitten im Leben. Ihre weltliche Karriere in Berufsleben oder Hochschule lassen sie nicht hinter sich und treten auch nicht lebenslang in Klausur. Im kleinen Kloster in Worms werden unter der Oberaufsicht des Priors Novizen aus allen Ländern der Welt ausgebildet. Je nach den Interessen der jeweiligen „Besetzung" fallen die Schwerpunkte des Kulturprogramms aus. Natürlich umfasst es auch Anleitungen zur Kontemplation, Bibelgespräche und weitere spirituelle Angebote. Der Kreuzgang ist nur zu Veranstaltungen und zu Sonderführungen öffentlich zugänglich.

TIPP: *Wer sich für den Newsletter anmeldet, erhält die Einladungen und die Veranstaltungsübersicht immer rechtzeitig.*

www.dominikaner-worms.de
Paulusplatz 5, 67547 Worms
ÖPNV: Bus 401, 405, 407, 408, 431, Station Marktplatz / Petersstraße

28

Wo das Teilen Wunder wirkt
Der Innenhof St. Martin

Drei romanische Klosterhöfe hat Worms zu bieten. Anders als in Andreasstift und Pauluskloster ist der Kreuzgang im Martinsinnenhof nicht mehr erhalten. Dafür bezaubert dieser Hof die Besucher*innen, die die Kirche vom Seiteneingang betreten, mit einem Brünnlein, exotischer Pflanzenpracht und Steinfiguren. Zur KULTURNACHT wird hier ein stimmungsvolles Jazzkonzert gegeben: Fast denkt man an Eichendorffs Sommernachts-Gedichte. Die romanische Kirche mit gotischen Elementen im Innern steht angeblich an der Stelle, an der der heilige Martin, ehemals Bischof von Tours, in einem Kerker gehalten wurde, weil er als Christ den Militärdienst für das Römische Reich unter dem heidnischen Kaiser Julian Apostata verweigerte. 1485 verlieh Papst Innozenz VIII. den Pilgern, die nach St. Martin kamen und den Martinskerker besuchten, einen besonderen Ablass. Die Niederbrennung von Worms 1689 hielt der damalige Stiftsdekan von St. Martin, Petrus Dorn, in einem Bericht fest, einer wertvollen Quelle, die sich heute im Stadtarchiv befindet. Dorns Grabstein ist heute noch in der Kirche zu sehen, der Martinskerker verschwand jedoch nach dem Wiederaufbau. Die Kirche gehört zur selben Pfarrgruppe wie der Dom. In der Martinsgasse, auf dem alten Stiftsgelände neben der Martinskirche, wurde 1894–1978 das Krankenhaus Martinsstift betrieben. Des heiligen Martin wird übrigens in Worms in besonderer Form gedacht: Im Pfrimmpark gibt es zum Abschluss des Hochheimer Martinsumzugs ein großes Martinsfeuer, in Hochheim auch einen Martinsmarkt. Jüngst haben Pilger*innen Worms angesichts der Martinslegende und der lange Zeit hier gehüteten Martinsstola zu einem „Ort des Teilens" erklärt. Und was hat es mit der Gans auf sich? Martin versuchte, sich zu verstecken, als ihn die Bürger von Tours zum Bischof wählen wollten – ausgerechnet in einem Gänsestall. Das Ergebnis waren lautes Geschnatter und seine Bischofsernennung!

TIPPS: *Auf dem Pflaster des Ludwigsplatzes vor der Martinskirche ist immer wieder großflächige Streetart zu bewundern. Und wer kreative asiatische Küche liebt, findet sie beim Mittagstisch im COMMAMI am Platz.*

Martinsgasse 4, 67547 Worms
https://bistummainz.de/pfarrgruppe/worms-dom-st-peter/kirchen/pfarrkirche-St.-Martin
ÖPNV: Bus 401, 405, 430, 431, 434, 644, Station Untere Kämmererstraße

29

Glockengeschenk zum Tausendsten
Das neue Domgeläut

Was wünscht sich ein Dom zum Geburtstag, zu einem runden mit drei Nullen zumal? Ein neues Geläut! Und so überbrachte der Dombauverein dem betagten Jubilar zu Ostern 2018, im Jahr seines tausendjährigen Bestehens, fünf neue Glocken, die das Dreier-Notgeläut von 1949 ergänzen.

Die kleinste, getauft auf den Hl. Hanno, wiegt 250, die größte, Hl. Amandus und Rupert, je 2.700 kg. Der Wormser Künstler Klaus Krier gestaltete alle fünf neuen Glocken, die bei Rincker im hessischen Sinn bei Wetzlar gegossenen wurden. Im April 2018 wurden sie mit Spezialtransporten angeliefert, begleitet und gefeiert von Hunderten begeisterter Wormser*innen, von radelnden Rentner*innen bis zum Kindergartenausflug. Bis zu ihrer Weihe wurden sie im Dom-Innenraum gelagert und ausgiebig bewundert oder gar „gestreichelt". Rechtzeitig vor Pfingsten, kirchlich dem „Geburtsfest der Kirche" (Propst Tobias Schäfer), wurden sie per Kran teils in den Südost-, teils in den Nordostturm gehievt. Von dort oben tauchte das nun achtstimmige Geläut zu Pfingsten die ganze Stadt zum ersten Mal in einen wohltönenden Klangozean aus den Tönen h0, c1, d1, e1, g1, a1, h1 und d2. Natürlich hatte ein bischöflicher Glockenbeauftragter sie zuvor getestet. Verstärkt wurde dieses Pfingstgeläut durch die Glockenschläge von acht weiteren Wormser Kirchen.

Dieses erste vollständige Wormser ökumenische Geläut bewegte nicht nur die Gäste innerlich, die den Dom aus allen Nähten platzen ließen, sondern auch unzählige Zuhörer*innen auf den umliegenden Straßen und Plätzen. Wormser Weingüter kredenzten eigene Domglockenweine. Eine für diesen Anlass von Sebastian Ostmeyer komponierte Orgelsymphonie wurde uraufgeführt. Der Ausdruck „historischer Moment" ist sicherlich nicht übertrieben. Die namengebenden Heiligen der Glocken, Hanno, Amandus, Rupert, Heribert, Petrus Faber, Heinrich und Kunigunde spielten in der Wormser Geschichte alle eine wichtige Rolle, letztere beiden sogar als Kaiserpaar, das mit dem Domerbauer Bischof Burchard freundschaftlich verbunden war.

Andreasstraße, 67547 Worms
ÖPNV: Bus 401, Station Domplatz

30

Kaffee bei Bischof Burchard

Haus am Dom

Nach einem Dombesuch draußen oder drinnen noch bei einer Tasse Kaffee die Füße ausruhen, einen Wormser Wein oder eine Wormstasse als Souvenir mitnehmen oder sich über die Aktivitäten der Domgemeinde informieren – das klingt nach einer guten Einrichtung, vor allem für Tourist*innen. Am Platz vor dem Dom grüßt ein bronzener Bischof Burchard die Besucher*innen, ein Dommodell zum Ertasten gibt nicht nur Blinden haptische Eindrücke. Spätestens seit Gastronom Philippo Borgnolo die Erdgeschossräume im Haus am Dom bezog und seine Kaffee- und Kuchen-Spezialitäten anbietet, kann das Haus nicht über mangelnde Kundschaft klagen. Nicht nur fürs Leibliche ist hier gesorgt. Im Nebenraum finden Vorträge, Gesprächskreise und andere Veranstaltungen statt. Auch dieses neue Bauprojekt hielt eine typische Wormser Überraschung für die Bauherren parat. Man stieß auf die Überreste eines uralten Taufbeckens, eventuell sogar aus karolingischer Zeit. Karl der Große war übrigens viel häufiger in Worms als in Aachen, wohin es ihn erst in seinen letzten Jahren zog. Auch geheiratet hat er hier im damaligen Dom. An einer digitalen Präsentation des Taufbeckens wird noch gearbeitet.

Doch was das Haus schon vor seiner Eröffnung in den SPIEGEL brachte, waren die Bürgerproteste gegen seinen Bau. Eine Bürgerinitiative formierte sich. Denn das Haus ist höher als der hier zuvor befindliche Bestand. Es steht dicht am geliebten Dom und verdeckt die Sicht auf ihn zum Teil. Alternative Bauvorschläge wurden eingebracht und diskutiert, der Ursprungsentwurf abgeändert und farblich der Domfarbe angepasst. Mehrmals ging es vor Gericht, es gab Demonstrationen und Bauverzögerungen. Rechtzeitig zum Domjubiläum 2018 wurde das heiß umkämpfte Haus schließlich eingeweiht, baulich noch nicht ganz fertig. Gastronomisch könnte die Geschichte nun für Wormser*innen und Besucher*innen zu einem Happy End führen.

Domplatz 3, 67547 Worms
https://www.gastroborgnolo.de/die-cafe-bar-borgnolo
ÖPNV: Bus 401, Station Domplatz

31

Von Fußball bis Dreikönigsfest
Die syrisch-orthodoxe Kirche

Zwischen den beiden verträumten Kreiseln Kaiser-Heinrich-Platz und Dankwartsplatz bietet das Nibelungenviertel abseits der Touristenpfade mit seinen Altbau-Villen reichlich Grün, Wiesenblumen und Bänke für den Nachbarschaftsplausch. Worms kannte viele Kaiser Heinrichs. Der vierte dieses Namens verlieh der Stadt zum Dank für ihre Treue weitreichende Freiheiten, die von den Privilegien durch Barbarossa ergänzt wurden. Vom Kaiser-Heinrich-Platz ist das orange Gebäude einer neuen Kirche mit exotischer Anmutung zu sehen: die syrisch-orthodoxe Kirche. MOR PHILOXINUS DA MABUG heißt die Gemeinde aus aramäischen Christ*innen. Die Gemeindemitglieder, die, beziehungsweise deren Eltern meist in christlichen Dörfern im Südosten der heutigen Türkei (Tur Abdin) geboren sind und die Sprache Jesu als Muttersprache sprechen, hat den Bau dieser Kirche initiiert. Wer sonntags, zur Zeit des orthodoxen Osterfestes, oder am 6. Januar, dem orthodoxen Weihnachten, Muße hat, kann hier Rituale erleben, wie sie sich die Orientchristen seit 2.000 Jahren bewahrt haben. Manches erinnert an griechische Gepflogenheiten, aber die Sprache ist Aramäisch.

Die Gemeinde möchte vermitteln, wenn es um den christlich-islamischen Dialog geht, denn ihre Vorfahr*innen haben Jahrhunderte lang Tür an Tür mit Menschen muslimischen Glaubens sowohl in der Türkei als auch zuvor im Osmanischen Reich gelebt. Etwa 135.000 Aramäer*innen leben heute in Deutschland; in ihrem angestammten Gebiet werden es jedoch weniger und weniger. In Worms beteiligt sich die Gemeinde am Interkulturellen Runden Tisch und vielen Initiativen der Ökumene. 2017 erhielt sie von der EKD die unter anderem von der Stadt Worms ins Leben gerufene Luthermedaille für das unerschrockene Wort. Öffentlichkeitswirksam präsent ist Gemeindemitglied Fuat Demir, der auch als Flüchtlingsbeauftragter des Zentralrates der Orientalischen Christen und der Syrisch Orthodoxen Kirche für Rheinland-Pfalz fungiert. Und im Fußball kennt das Team der SURYOYE kein Halten!

Kaiser-Heinrich-Platz 5A, 67547 Worms
facebook.com/pages/Syrisch-orthodoxe-Kirche
ÖPNV: Bus 410, Station Mathildenplatz

32

Das Wort der Wormser Rabbis galt weltweit
Die Frauensynagoge

Die Frauensynagoge in Worms ist ein rechtwinklig zum Hauptschiff der Synagoge nachträglich angebautes Seitenschiff. Ob man es nun als in- oder exkludierendes Element für die Frauen wertet – es ermöglichte vielen Frauen die Teilnahme an den religiösen Zeremonien. Das Schiff ist niedriger als die Männersynagoge und wird von einer zentralen Säule getragen: ein frühes Beispiel für diese Art der Konstruktion. Gedenktafeln weisen auf die im Holocaust umgekommenen Wormser Jüd*innen hin. Heute werden in der Frauensynagoge Ausstellungen, Konzerte und Vorträge veranstaltet. An ihrer Außenmauer befindet sich eine flache Nische, die sich der Sage nach bildete, als die schwangere Mutter des Philosophen Jehuda ben Samuel einem Fuhrwerk auswich. Einer Variante nach handelte es sich um die Mutter Raschis. Der abgebildete Synagogen-Hauptbau stammt aus dem Jahr 1034 und ist damit eine der ältesten deutschen Steinsynagogen. 1212/13 wurde die Frauensynagoge angefügt. 1938 niedergebrannt, wurde die Synagoge 1961 unter Verwendung originaler Bauteile wiedererrichtet.

Das angrenzende Grundwasser-Ritualbad MIKWE wird in den nächsten Jahren einer Erhaltungs- und Sanierungsmaßnahme unterzogen. Dies geschieht vor dem Hintergrund des Antrags der Städte Worms, Mainz und Speyer, ihr gemeinsames jüdisches mittelalterliches Erbe von der UNESCO als Weltkulturerbe anerkennen zu lassen. Hierzu gilt es einige Kriterien zu erfüllen, unter anderem muss dieses Erbe heute noch erlebbar sein. SchUM-Städte heißen die drei Städte nach ihren Anfangsbuchstaben: Schpira/Speyer, Warmaisa/Worms (im Hebräischen derselbe Buchstabe wie U), Magenza/Mainz. Der Antrag steht auf der deutschen Vorschlagsliste; das Land Rheinland-Pfalz erarbeitete hierzu eine fundierte wissenschaftliche Begründung. Ab 2021 kann in den UNESCO-Gremien über die Aufnahme entschieden werden. Für die Antragsvorbereitung wurde eigens ein Verein mit Sitz in Worms gegründet.

TIPP: *Auf der Website dieses Vereins gibt es eine App zum jüdischen Worms und einen Imagefilm zum jüdischen Erbe.*

Synagogenplatz, 67547 Worms
https://schumstaedte.de
ÖPNV: Bus 401, 405, 430, 431, 434, 644, Station Untere Kämmererstraße

33

Wenn Liebe zu Wein wird
Liebfrauenmilch

Nirgends ist Worms mehr Weinstadt als an der Liebfrauenkirche, die wie eine Arche Noah in einem Rebenmeer schwimmt. Der hier gedeihende Rebensaft auf fruchtbarem Rheinschwemmland ist schon im 17. Jahrhundert bezeugt. Die Bezeichnung „Liebfrauenmilch" durfte nur für Reben verwendet werden, sofern sie wuchsen: „soweit der Turm der Liebfrauenkirche seinen Schatten werfe." Das Land um die im 13. Jahrhundert gegründete Kirche war lange Klosterbezirk und Wallfahrtsort. Nach der Säkularisierung wurde das Stift zur Scheune. 1808 erwarb der spätere Wormser Bürgermeister Peter Joseph Valckenberg die Weinlage und sicherte das Überleben des Liebfrauenweins durch Exporte nach England. Seit 1971 heißt die Lage Liebfrauenstift Kirchenstück und wurde als einer der „Höhepunkte der Weinkultur" in Rheinhessen ausgezeichnet. Dafür müssen die Rebsorten mindestens zu 70 Prozent Riesling sowie Müller-Thurgau, Bacchus, Silvaner oder Kerner sein; die Restsüße darf nicht unter 18 Gramm pro Liter liegen. Das Weingut der Betreiberfamilie liegt neben der Basilika. Auch andere Winzer*innen besitzen hier Weinstöcke. Kaufen kann man die Weine bei Valckenberg, das sich seit 2018 als Bioweingut neu positioniert, und immer noch in der Weinhandlung am Weckerlingsplatz (Borgnolo, s. S. 120).

Die Kirche, nach der jüngsten Renovierung in warmes Rot gekleidet, wird sonntags so voll wie keine andere in Worms. Polnische Familien aus ganz Rheinland-Pfalz treffen sich zum Gottesdienst. Die Kirchenfenster tauchen den Innenraum in leuchtende Farben. In und um die Basilika lassen sich weitere Schätze entdecken: die feinen Gesichter der törichten und der klugen Jungfrauen am Seitenportal, barocke Beichtstühle, eine Reliquie des heiligen Valentinus oder die Schutzmantelmadonna in der Krypta der Amanduskapelle. Zu empfehlen ist ein Spaziergang ums Rebenmeer mit wechselnden Ausblicken auf die Kirche, besonders am Abend vor Sonnenuntergang.

TIPP: *Wer eine Rebstockpatenschaft übernehmen will, erhält jährlich eine Flasche Valckenberg-Wein und unterstützt die weitere Renovierung der Kirche.*

Liebfrauenring 21, 67547 Worms
www.liebfrauen-worms.de
ÖPNV: Bus 406, 431, 432 Station Bensheimer Straße

Sundowner im Rebenmeer
Die Klausenberg-Kapelle bei Abenheim

Natürliche Erhebungen mit Aussicht sind in Worms eher selten. Wer die Seele beim Blick auf die rheinhessischen Rebenhügel und den darin eingebetteten Wormser Weinvorort Abenheim baumeln lassen möchte, findet nach einer mäßigen, kurzen Steigung ein romantisches Plätzchen vor der Klausenbergkapelle. Besonders schön ist es hier bei Sonnenuntergang oder auch im goldenen Oktober, am besten mit einem kleinen Vesper und gutem Abenheimer Wein.

Der magische Ort ist prädestiniert für alle, die eine Auszeit brauchen: kurz oder auch länger. Wie zum Beispiel die Zisterziensernonnen, die hier im 13. Jahrhundert lebten. Denn das heutige Kapellchen ist der Überrest eines Nonnenklosters – daher auch „Klausen"-Berg, was nichts mit dem Namen Klaus zu tun hat. Zisterzienserinnen lebten hier auf der großzügigen Stiftung von Gräfin Agnes von Leiningen. Auch schon zuvor, im 10. Jahrhundert, wird an dieser Stelle eine Kapelle erwähnt. Die heute so idyllische Gegend hatte immer wieder, vor allem aber im 30-jährigen Krieg, unter Zerstörungen zu leiden, denen mehrere Restaurierungen folgten. So erhielt die Kapelle ihr Türmchen erst im 18. Jahrhundert. Wer einen Blick hineinwerfen möchte, muss an einem zweiten Sonntag im Monat zwischen 15 und 17 Uhr den Hügel erklimmen. Heute finden hier übrigens kirchliche Trauungen statt. Nach der Trauung bieten sich den Brautleuten und ihren Gästen auf dem kleinen Platz vor der Kapelle wahrhaft sonnige Aussichten über die liebliche Gegend, wo die Welt noch in Ordnung zu sein scheint.

Zum Erhalt dieses hochgeschätzten Kleinods gründeten die katholische Kirchengemeinde und das Bischöfliche Ordinariat 2008 eine eigene Stiftung. Wie sehr sich der Weinort Abenheim mit der Kapelle identifiziert, zeigt die selbst gewählte Bezeichnung „Klausenberggemeinde". Geweiht ist die Kapelle übrigens, wie viele höher gelegene Kapellen, nicht etwa dem Heiligen Nikolaus, sondern dem Erzengel Michael.

Am Klausenberg, Abenheim
www.heimatverein-abenheim.de
ÖPNV: Busse 418, 434, 4903, 4943 Station Klausenbergstraße

Mittagstisch und Miteinander der Religionen
Der Verein Turkuaz e.V.

Ein interkulturelles Netzwerk, das wie die Liebe durch den Magen geht, ist der Verein TURKUAZ. Jeden Donnerstag von 12 bis 14 Uhr wird hier günstig ein frisch gekochtes Mittagessen mit bis zu vier Gängen serviert. Gekocht werden vor allem türkische Spezialitäten; dazu gibt es eine Suppe als Vorspeise und einen gemischten Salat. Gegründet wurde der Verein 2008. Er ist offen für alle, egal welcher Herkunft, Religion oder welchen Geschlechts. Gerne trägt der Verein zur Interkulturellen Woche bei oder bringt sich bei Projekten der Caritas, Diakonie oder der evangelischen Friedrichsgemeinde ein. „Turkuaz" bedeutet „Türkis" – eine Mischfarbe, die das Gesicht der Welt abbildet, erklärt die zweite Vorsitzende Emine Sahin: „Wir arbeiten parteipolitisch unabhängig und weltanschaulich offen für ein positives Miteinander im gegenseitigen Einvernehmen und Respekt." In den hellen, picobello hergerichteten Räumen in einer ehemaligen Metzgerei gibt es alle Gerichte an kleinen Tischen, auch in vegetarischer Variante. Je nach Anfrage bieten die Vereinsmitglieder Kurse im Nähen sowie in den selten angebotenen Techniken Ebru-Aufwassermalerei oder Filografie, Kunstwerken aus Nägeln und Fäden, an. Ehrenamtlich unterstützen und beraten die engagierten Frauen auch Flüchtlinge.

Angebote für muslimische Frauen, von Fortbildung über gemeinsames Frühstück bis zu Vorträgen und Gesprächskreisen, gibt es übrigens – neben denjenigen der bekannten Moscheen von DITIB und IGMG – auch bei der Ahmadiyya-Gemeinde in der Färberstraße oder beim Islamischen Kulturverein ARKAM in der Hagenstraße. Regelmäßig bieten sich am Tag der offenen Moschee am 3. Oktober Einblicke in die Aktivitäten der muslimischen Gemeinden. Aber auch sonst sind Menschen, die einfach einmal vorbeischauen wollen, willkommen, sofern jemand vor Ort ist. Eine wichtige Adresse für „Multikulti"-Projekte ist auch die evangelische Friedrichskirche samt dem Roten Haus in der Friedrichsstraße. Zur Interkulturellen Woche in Worms im September steigt ein großes Fest mit Musik, Tanz und Kulinaria auf dem Ludwigsplatz. Denn am leckersten schmecken andere Kulturen noch immer auf einem großen Fest!

Petersstraße 20, 67547 Worms
http://turkuaz-ev.de
ÖPNV: Bus 401, 402, 430, 434 Station Marktplatz

Luther zum Anfassen
Das Lutherdenkmal mit Modell

Luther wurde im 19. Jahrhundert gerne als standhafter Deutscher (gegen „Rom") vereinnahmt. Um für ihn ein riesiges Reformationsdenkmal in Worms zu planen, gründete sich 1856 ein eigener Verein. Beiträge aus Europa, Nord- und Südamerika flossen in den Entwurf des Dresdner Architekten Ernst Rietschel ein. Als dieser 1861 starb, wurde das Denkmal von seinen Schülern sowie dem Architekten Nicolai 1868 fertiggestellt und mit großem Pomp eingeweiht.

Rietschel wollte das Denkmal als „Eine feste Burg" wie im Lutherlied verstanden wissen. So ist es an drei Seiten von Mauern umschlossen. Die Prediger Wyclif, Hus, Petrus Waldus und der fanatische Moralist Savonarola gruppieren sich zu Füßen Luthers. Luthers Freunde und Förderer werden nicht vergessen, allen voran Melanchthon und Friedrich der Weise. In die Heroisierung der männlichen Figuren mischen die weiblichen Allegorien der Städte Speyer (stärkt die Reformation), Augsburg (Religionsfriede 1530) und Magdeburg (wird von Truppen der Katholischen Liga im 30-jährigen Krieg zerstört) nachdenkliche Töne. Heute wird das Monument, weltweit das größte Reformationsdenkmal, ins Alltagsleben eingebunden. Im Sommer sieht man Kinder um die Figuren toben, während sich die Eltern auf den Treppenstufen unterhalten.

Damit sich auch Sehbehinderte eine Vorstellung von der Dreidimensionalität des Denkmals machen können, wurde 2018 ein Tastmodell mit Braille-Beschriftung unter der Linde gegenüber platziert. Für Sehende ist erstaunlich, wie „rau" die Figürchen aussehen. Demhingegen vermitteln sie beim Tasten durch ihre Gussform mehr Deutlichkeit. Neben dem Innenstadt-Modell am Parmaplatz gegenüber der neuen Vinothek sowie dem Dom-Modell ist dies das dritte Werk des westfälischen Bildhauers Egbert Broerken in Worms, der eng mit der Blindenschule in Soest zusammenarbeitet. Mithilfe eines Wachsausschmelzverfahrens, dem der Bronzeguss folgt, sorgt er für größtmögliche Detailtreue.

Lutherplatz
ÖPNV: Bus 401, 402, 409, 430, 434, Station Adenauerring

Von Drachen und Firmen, die kamen und gingen
Der Drache von Doerr & Reinhart

Drachen gibt es in Worms viele, doch der kleine Bronzedrachen in der Hanns-Thierolf-Anlage am ehemaligen Stadtgraben unter dem Andreasstift hat eine besondere Geschichte zu erzählen. Wie die alte Reichsstadt selbst hat er eine richtige Phoenix-Geschichte hinter sich. Er wurde als Wappentier der Lederwerke Doerr und Reinhart 1925 vom Darmstädter Künstler Carl Stock geschaffen und hält daher eine Tafel mit den Initialen „D.u.R." in den Krallen. Bis zur Schließung der Firma stand er im Verwaltungsgebäude, heute Sitz des Landesbetriebs Mobilität. Im Zuge der Schließung der Werke wegen des Niedergangs der Lederindustrie in den Siebzigern ging die Figur verloren. Zwischenzeitlich hatte sich aus ehemaligen Betriebsangehörigen der Lederarbeiterverein gegründet. Dieser, heute im Altertumsverein aufgegangen, startete 2008 einen Suchaufruf nach dem vermissten Reptil über die Zeitung. Und siehe da, das Wappentier fand sich wohlbehalten in einem Wormser Haushalt, wurde wiederaufbereitet und zog schließlich in den Stadtgraben.

Doerr und Reinhart, zunächst Lederlackiererei, wurde neben der Cornelius Heyl AG der zweite Lederhersteller, der Worms im 19. Jahrhundert zu Wohlstand brachte. Später kamen noch die Heylschen Lederwerke Liebenau hinzu. Zu den besten Zeiten waren in Worms rund 9.000 Menschen in der Lederproduktion beschäftigt, in jeder Familie gab es mindesten einen. Ab 1850 exportierte man auch nach Nord- und Südamerika und Australien. Bis zu 80 Prozent machten die Exporte an der Produktion aus; es gab sogar eine Vertretung in New York. Im Zweiten Weltkrieg wurde das Betriebsgelände zerstört. Trotz Marshallplan musste der Betrieb eingestellt werden. 1960 wurde ein Teil des riesigen Gebiets an die Schuhfabrik Salamander verkauft, ein anderer wurde zum mittlerweile geschlossenen Einkaufszentrum NIBELUNGENCENTER. Nach dem Abriss entsteht hier auf dem Gelände das Wohngebiet Gerberviertel. Ein Brunnen soll an das seit dem Mittelalter ansässige Gerberhandwerk erinnern.

Hanns-Thierolf-Anlage
ÖPNV: Bus 404, 451, Station Hochstift

Schwere Arbeit, faire Sozialleistungen
Das Gerberdenkmal

Beim Flanieren in der Stadtgrabenanlage am Lutherring fällt der Blick auf einen gebeugten, athletischen Bronzemann mit einer schweren Zange in der Hand. Karl Stein, Lederarbeiter bei Doerr und Reinhart, soll dem Künstler Carl Stock 1924 Modell dafür gestanden haben. Dieses Original, ursprünglich an der heutigen Stelle des Doerr-Drachens (s. S. 82) in der Hanns-Thierolf-Anlage aufgestellt, war als Brunnenfigur gedacht und ging – im Gegensatz zu Stocks fast gleich altem Doerr-Drachen, 1945 endgültig verloren. Doch auch ihm war ein Nachleben beschert. 1993 schuf ihn Edwin Huller neu. Die oft „Lederarbeiterdenkmal" genannte Plastik stellt in Wirklichkeit einen Gerber dar. Das Denkmal würdigt die harte Arbeit auch in den Lederwerken, in denen man es mit Maschinenlärm, Gestank, ätzenden Substanzen und anstrengendem Körpereinsatz zu tun hatte. Bereits vor der Gründung der modernen Lederindustrie hatte es in Worms zwischen Gerber- und Färbergasse Gerbereien gegeben.

Immerhin empfand man, damals wie heute alles andere als selbstverständlich, eine hohe Verantwortung und Fürsorgepflicht für das Personal, sowohl bei Doerr und Reinhart als auch bei der Cornelius Heyl AG. Ein „Arbeiterausschuss" nahm ähnliche Aufgaben wahr wie ein heutiger Betriebsrat. Es gab eine Werksküche für das Personal, einen Kinderhort (heute „Kinder- und Jugendhilfezentrum St. Marien") und einen Überlanddienst der Stadtbibliothek. Die Heylschen Werke trugen auch für Bildungs- und Gesundheitsangebote Sorge und errichteten eine Arbeitersiedlung aus heute denkmalgeschützten Häuschen mit Garten im sogenannten Kiautschau-Viertel. Viele rätseln heute, wie es zu dem chinesischen Spitznamen der Siedlung kam. Die Antwort: Es war eine Anspielung darauf, dass die Siedlung so weit vom damaligen Stadtzentrum entfernt lag wie das chinesische Kiautschou, zur Kaiserzeit ein deutsches Pachtgebiet.

Wer schützt diese Stadt?
Die Stadtwächterin

Eine Stadt, die schon seit über zweitausend Jahren immer wieder aus ihren Ruinen zu neuem Leben auferstanden ist, die eine Komplettzerstörung durch die Brandlegung der Söldner Ludwigs XIV. im Jahre 1689 und die beiden Bombennächte 1945 überstanden hat, muss schon einen Schutzengel haben. Im 19. Jahrhundert stieg Worms von einem Dorf zur Lederstadt auf, seit den 1990er-Jahren erarbeitet sich Worms Jahr für Jahr ein attraktives Kulturprofil als Nibelungen-, Mittelalter-, Luther- und Festspielstadt und zudem als „Klein Jerusalem am Rhein", ein mittelalterliches Zentrum jüdischer Gelehrsamkeit. Diese bewegte Stadtgeschichte hatte der Künstler Horst Rettig, selbst gebürtig im Wormser Ortsteil Leiselheim, im Blick, als er 2003 ein Doppeldenkmal an der gut erhaltenen Wormser Stadtmauer am Torturmplatz schuf. Es besteht aus der Figur der Stadtwächterin und aus dem auf einer Blickachse mehrere Meter vor ihr in den Boden eingelassenen Nibelungenlieddenkmal, einem der wenigen deutschen Kunstwerke unter der Erde.

Die Wächterin steht auf Augenhöhe. Hoch, organisch und symmetrisch geformt hebt sie den Blick in weite Fernen. Wer hinter sie tritt, kann ihr herausgearbeitetes Rückgrat erkennen. Vor ihr, in sieben Metern Tiefe unter der Platte, wo im Sommer Kinder und Hunde durch den erfrischenden Brunnen toben, ließ Rettig das Nibelungenlied vergraben, konserviert auf 61 unzerstörbaren Edelstahlronden in einer Polyethylen-Kartusche. Als Datierung gravierte Rettig die Marskonstellation des Sommers 2003 auf einer Ronde ein. Am Torturmplatz, der im Hochmittelalter noch vor den Stadttoren lag, lässt es sich angenehm auf den Sitzbänken vom Besuch des Nibelungenmuseums ausruhen, das Handy checken oder mit jemandem Neuigkeiten austauschen, den man auf dem Weg in die Stadt getroffen hat. Die Wächterin wacht auch im Winter, wenn der Brunnen abgestellt wird. Tag und Nacht. Mit Rückgrat und Zähigkeit. Und offensichtlich mit Erfolg.

Torturmplatz, 67547 Worms
ÖPNV: Bus 410, Station Mathildenplatz

„Zickenkrieg" oder mehr?
Das Königinnen-Denkmal am Dom

Fremdenführer*innen steuern gerne auf die bronzenen Königinnen im Domvorfeld zu. Hier kann man gut erklären, worum es im Nibelungenlied geht. Als Teil des Kunstprojekts Nibelungen-Siegfried-Straße hat der Metallkünstler Jens Nettlich Brünhild und Kriemhild Gestalt verliehen. Fast meint man, Comic-Stimmen zu hören, blickt man auf die Gestalten mit ihren wütend herumgeworfenen Gewändern. Oft schnappe ich im Vorbeigehen Kommentare mit dem Wort „Zickenkrieg" auf. War es das?

Siegfried kannte Brünhild bereits vor Kriemhild, doch kehrte er nicht zu ihr zurück. Stattdessen verliebte er sich in Kriemhild, Königstochter zu Worms. Heiraten durfte er diese jedoch nur, wenn er zuvor Kriemhilds Bruder, König Gunther, dabei half, Brünhild im Zweikampf zu besiegen und als Ehefrau heimzuführen. Also setzte sich Siegfried eine Tarnkappe auf, kämpfte unsichtbar an der Seite Gunthers und besiegte die Walküre. Ein zweites Mal tat er dies in der Hochzeitsnacht, nahm ihr ihren Kraftgürtel ab und schenkte ihn Kriemhild. Diese zog mit Siegfried nach Xanten am Niederrhein und kam nach zehn Jahren zu Besuch nach Worms. Nun meinte sie, dass Siegfried als König Vorrang gebühre, und dass sie als seine Frau sogar vor der Wormser Königin Brünhild den Dom betreten dürfe. Brünhild gegenüber hatte sich Siegfried jedoch als Lehensmann Gunthers präsentiert. Um Brünhilds Vortritt zu verhindern, zeigte Kriemhild ihr den Gürtel und sagte, Brünhild habe sich zur Geliebten Siegfrieds herabwürdigen lassen: „Mich machst du nicht zum Dieb. Geschwiegen hättest du besser, wäre dir Ehre lieb. Ich erweis es mit dem Gürtel hier um meinen Leib, dass ich nicht gelogen: Du warst meines Siegfrieds Weib!" (14. Aventiure).

Der Liedverfasser weist diesem Streit die Schuld am späteren Mord und Totschlag unter den Männern zu. Im Grunde fechten die Frauen den Zwist ihrer Männer aus. Warum leitet Kriemhild ihren Vortritt nicht aus ihrer eigenen königlichen Herkunft ab? Warum bezichtigt sie nicht Siegfried des Ehebruchs, statt die von ihm bezwungene Brünhild verächtlich zu machen? In diesem Licht wirkt Kriemhild heute tatsächlich „zickig".

Neben Ofengeschäft Ofenhorn, Neumarkt 15-17, 67547 Worms
ÖPNV: Bus 401, 402, 430, 434 Station Marktplatz

Spielen mit dem Mythos
Das Siegfriedsgrab
am Torturmplatz

Hünengräber kennt man aus dem Ostseeraum. Ein solcher Hügel moderneren Datums steht auf dem Torturmplatz gegenüber dem Nibelungenmuseum. Der sagenhafte Siegfried aus dem Nibelungenlied ist hier zwar nicht begraben. Doch erinnert das Kunstwerk zwischen den vier Meter hohen Hinkelsteinen an die Legenden um ihn – und an die Suche nach seinem Grab.

Nicht zufällig platzierte der Künstler Eichfelder das beliebte Fotomotiv in der Nähe des 2001 errichteten Nibelungenmuseums. Das Museum enthält keine historischen Exponate. Es gibt dem Mythos auf moderne Art ein Gesicht.

Heute spielen im Sommer kleine Siegfrieds und Kriemhilden auf dem Hügel Fangen, um sich unter den Fontänen des Torturmplatzes abzukühlen. Noch bis 1689 befand sich laut zeitgenössischen Quellen ein 13 Meter langer Hügel mit „zwei aus der Erde hervorragenden Steinen" an einer nicht genauer bekannten Stelle im Wormser Stadtgebiet, ein Grab für einen „in ganz Deutschland besungenen Riesen". Kaiser Friedrich III. hatte 1488 in diesem Hügel – vergeblich – nach den Gebeinen des Seyfrid suchen lassen, den man sich bis in die frühe Neuzeit als Riesen vorstellte. Angeregt hatten den Kaiser wohl die Vorstellungen unter den ansässigen Bauern, die den Hügel mit der Siegfriedlegende in Verbindung brachten. Sowohl dieser Hügel als auch die vor dem damaligen Rathaus aufgehängten „Riesenknochen"-Funde sind heute verschwunden. Doch ist ein Lied vom „Hürnen Seyfrid" aus dem Jahr 1520 überliefert. Dieses erzählt, Kriemhild sei von einem Drachen gefangen und von Siegfried / Seyfrid befreit worden. Überliefert wurde diese Geschichte unabhängig vom Nibelungenlied, das bereits zur Stauferzeit in höfischem Kontext entstanden war.

Seyfrid oder Siegfried – das LandArt-Kunstwerk aus dem Jahr 2003 ist ein Erinnerungsort an eine Legendengestalt und an eine große Liebesgeschichte, den die Historie so nicht bieten kann, gewürzt mit einem Hauch nordischen Charmes.

Torturmplatz, 67547 Worms
ÖPNV: Bus 410, Station Mathildenplatz

Ein Ort zum Durchatmen
Die Gottliebenkapelle

Ein Ort der Ruhe nahe der Herrnsheimer Höhenstraße ist die neuromanische Gottliebenkapelle samt ihrer mitunter etwas verwilderten Parkanlage. Ihr Name hat nichts mit irgendeinem Gottlieb zu tun, sondern mit der Bibelstelle: „Wir wissen aber, dass denen, die Gott lieben, alle Dinge zum Besten dienen" (Römer 8,28). Gebaut wurde die Anlage 1891 auf dem Höhepunkt des Wormser Nibelungenstils von Architekt Gabriel von Seidl. Sie diente als Grablege für die Lederfabrikantenfamilie von Heyl. 1915 wurde die Kunstförderin und Ehefrau des Erbauers Sophie von Heyl hier bestattet. 1923 folgte ihr Ehemann. Wie auch die Familien Doerr und Reinhart verspürten die Lederindustriellenfamilien im 19. und beginnenden 20. Jahrhundert den Drang, sich wie Adelsfamilien eine sakrale eigene Grablege zu bauen.

Heute ist die Gottliebenkapelle ein Geheimtipp für kleine, feine Veranstaltungen im intimen Rahmen inmitten eines romantisch eingewachsenen Parks. Den Chorraum malte Otto Hupp mit ornamentalen Mustern aus, die an Vorlagen aus der Zeit um 1500 erinnern. Es war derselbe Künstler, der auch das Reichsstädtische Archiv (s. S. 18) ausschmückte. Zuletzt wurde der Chorraum 2015 restauriert. Der achteckige Turm erinnert an die Clemenskapelle in Trechtingshausen. An der Außenfassade sind einige Ornamente an Vorbilder aus dem Dom angelehnt. Wer das Glück hat, hier eine Lesung oder eine andere Veranstaltung zu erleben und sich in der Pause im kleinen Kreuzgangshof mit seinen charakteristischen Rundbögen ergeht, fühlt sich in die Welt einer Rittersage versetzt.

Zu besonderen Anlässen wie dem Tag des offenen Denkmals kann man das architektonische Kleinod auch besichtigen. Über eine Wendeltreppe geht es in die Familiengruft, in der 2018 zuletzt Marie Elisabeth Klee beigesetzt wurde, Tochter des letzten Lederbarons Cornelius Wilhelm von Heyl und lange Zeit Bundestagsabgeordnete. Frau Klee war bis ins hohe Alter die hoch verehrte Grande Dame des Wormser Kulturlebens.

Gabriel-von-Seidl-Straße 21, 67550 Worms
ÖPNV: Bus 407, 408, 430, 434, 435 Station Höhenstraße oder
Richard-Knies-Straße Ost

Eine Brücke im OB-Wahlkampf
Die selbsternannte Terence-Hill-Brücke

Offiziell heißt die Fußgängerbrücke von der Nibelungenschule auf den Festplatz Kisselswiese „Karl-Kübel-Brücke". Dennoch reiste im Sommer 2018 der Schauspieler Terence Hill, bekannt aus seinen Filmen mit Bud Spencer, zu ihrer Einweihung als inoffizielle Terence-Hill-Brücke nach Worms, begrüßt vom damaligen Oberbürgermeister Michael Kissel und dem Initiator der Terence-Hill-Benennung. Zwei Namen für eine reine Fußgängerbrücke? Warum überhaupt Terence Hill?

1966 hatte der Schauspieler, als Mario Girotti 1939 in Venedig geboren, Worms schon einmal besucht: in der Rolle des Giselher für einen Nibelungen-Film. Fan und Schauspieler Peter Englert hatte 2016 die Idee, als Satireaktion eine neue Wormser Brücke zur Terence-Hill-Brücke zu erklären, was sich schnell über die Sozialen Medien herumsprach. Im Mai 2018 wurde bekannt, dass Terence Hill eine Europatournee plante, um seinen Film MEIN NAME IST SOMEBODY persönlich vorzustellen. Der damalige Wormser OB Michael Kissel, stets bemüht, seine Stadt berühmt zu machen, klinkte sich ein und versprach nun seinerseits, die Brücke nach dem Westernstar zu benennen, wenn Terence Hill auch nach Worms käme. So schaffte es Worms in die bundesweiten Medien. Der Star selbst verbreitete ein Video und sagte sein Kommen zu. Doch Kissel hatte die Rechnung ohne die Familie des eigentlich vorgesehenen Namengebers Karl Kübel gemacht, die protestierte. Kissel schlug erst einen Doppelnamen vor und musste dann ganz zurückrudern. Terence nahm's sportlich. Er kam trotzdem, trug sich ins Goldene Buch der Stadt ein, ging ein paar Schritte auf der Brücke („eine schöne Brücke!") und zeigte seinen Film vor 5.000 Zuschauer*innen im EWR-Stadion. Ob das Chaos im Vorfeld eine Rolle spielte, dass Kissel im folgenden November nicht mehr wiedergewählt wurde? Englert setzte darauf und bewarb sich gleich selbst als OB. Doch das wurde dann Adolf Kessel, der dieses Amt 2019 antrat.

Wer zum Backfischfest über diese Brücke auf den Festplatz geht, den wird diese Geschichte noch lange zum Schmunzeln bringen.

Karl-Hofmann-Anlage 2, 67547 Worms
ÖPNV: Bus 431, Station Wallstraße

So wohnte man um 1200
Die romanische Fassade

44

Wenige, schmucke Fenster-Doppelbögen, hohe Wände und mehrstöckig – so scheint man in Worms um 1200 an der Petersstraße gewohnt zu haben. Der einzigartige Fund der hochmittelalterlichen Hausfassade in der Römerstraße 44 mit romanischen und einem spitzen, gotischen Fenster-Doppelbogen ist ein absoluter Glücksfall: Steinerne Wohnbauten waren im Hochmittelalter rar; ein heute noch erhaltener romanischer Wohnbau ist eine noch größere Seltenheit.

Über dem Erdgeschoss sind zwei weitere Vollgeschosse sowie ein Dachgeschoss erhalten. Beide Obergeschosse sind mit je einem gekuppelten Fenster mit Rundbogen und einem darüber liegenden Entlastungsbogen ausgestattet. Im Giebel ist ein weiteres Fenster mit Rundbogen zu erkennen. Etwa um 1300 wurde vermutlich das spitzbogige Fenster eingefügt. Das Doppelfenster im Erdgeschoss ist nach links versetzt, daneben sieht man noch eine Eingangstüre. Spätestens beim Stadtbrand 1689 muss das ursprüngliche Haus hinter der Fassade verschwunden sein.

Das heute an der Fassade angebaute Barockhaus „Zur Trommel", benannt nach dem Attribut einer Puttenfigur über dem Eingang, wurde 1712 errichtet und nutzt die stehengebliebene romanische Fassade als Nordmauer. Spätestens im 18. Jahrhundert wurde an diese noch ein weiteres Gebäude angebaut. Dieser Anbau wurde bei den Luftangriffen auf Worms 1945 zerstört und nicht mehr aufgebaut, stattdessen die Petersstraße verbreitert. Erst dadurch kam es zur Entdeckung der mittelalterlichen Fassade – einer Sensation! Dennoch wurde das Erdgeschoss in den 1950er-Jahren umgebaut und als Geschäftsfläche genutzt. Lange Zeit waren ein Möbel-, dann ein Modegeschäft in dem eigenartigen Kombi-Bau untergebracht. Die romanische Fassade ist, als einziger oberirdisch erhaltener Teil eines romanischen Bürgerhauses in Worms, heute ein Kulturdenkmal laut Rheinland-Pfälzischem Denkmalschutzgesetz.

Römerstraße 44, 67547 Worms
ÖPNV: Bus 401, 405, 407, 408, 431, Station Marktplatz / Petersstraße

Hagen und Kriemhild im Rosengarten
Hagenstatue am Rhein

Kaum ein Protagonist des Nibelungenlieds ist in Worms so präsent wie Hagen, der Böse, Mörder und Schatzversenker. Ein „Oheim", Vetter oder Berater der Burgunderkönige soll er gewesen sein, manchmal als blind auf einem Auge dargestellt, manchmal als streitbarer Recke und Waffenmeister, immer jedoch als finster.

Die Hagenstatue verbindet jeder, der einmal am Rheinufer war, mit Worms. Hagen begrüßt alle mit dem Schatz auf dem Schild, den er im nächsten Moment in den Rhein werfen wird – oder doch nicht? Von seinem Schöpfer Johannes Hirt wurde er 1906 für einen Standort in einem nie realisierten Rosengarten im Wäldchen geschaffen. Heute steht er auf dem Sockel eines Krans und Kriemhilds Rosengarten kommt zu ihm. Denn ab 2020 entsteht ein Rosenlabyrinth vor Hagens Füßen. Die Pläne dafür gehen auf den Künstler Eichfelder zurück, der damit an eine alte Legende erinnert sowie auch an das Phänomen Labyrinth in verschiedenen Kulturkreisen. Vielleicht stand ja der besungene Rosengarten von einst auch am anderen Rheinufer im gleichnamigen Ortsteil des hessischen Lampertheim.

Der Legende nach findet in Kriemhilds Rosengarten ein Turnier unter sagenhaften Helden statt, aus dem Hagen, Siegfried, Dietrich von Bern und andere Recken verletzt hervorgehen. Kriemhild ist hier wesentlich friedfertiger als im Nibelungenlied; nichts ist dem Untergang geweiht. Und bei der Abreise aus Worms wird mancher feststellen, dass es Hagen doch nicht über sich gebracht hat, den Schatz zu versenken. Wer genau hinschaut, bemerkt an seiner Körperhaltung, dass er den Schild eher hochhält als kippt. So bleibt Hagen, wie sein Name besagt, eher ein Beschützer. Das müssen die Wormser*innen gespürt haben, die so zahlreiche Lokale und Straßen nach ihm benannt haben. Auch wenn immer wieder mal jemand in einer versandeten Rheinschleife nach dem Schatz sucht.

Rheinufer
ÖPNV: Bus 410, Station Rheinpromenade

Konzert zum Eis
Das Glockenspiel der Dreifaltigkeitskirche

46

Mindestens bis Ende Oktober 2021 gemahnt ein Parcours aus Stelen vom Heylshofpark bis zur protestantischen Dreifaltigkeitskirche an Aussprüche Martin Luthers. Während direkt vor der Barockkirche aus der FREIHEIT EINES CHRSTENMENSCHEN aus dem Jahr 1520 zitiert und von Passant*innen und Tourist*innen oft intuitiv verstanden wird, was für einen Freiheitsbegriff Luther hier meinte, geben die schlanken Stelen mit den Grundsätzen SOLA FIDE etc. weitere Denkanstöße.

Die nach der Zerstörung 1945 innen modern wiederaufgebaute Dreifaltigkeitskirche bietet dem katholischen Petersdom nicht nur optisch Paroli. Sechsmal am Tag ertönt von ihrem Turm ein ausgefeiltes Konzert aus 23 Einzelglocken: morgens um fünf nach sieben und neun Uhr, mittags um fünf nach zwölf und drei Uhr und abends um fünf nach halb sieben und neun Uhr. Sechs unterschiedliche Lieder aus dem evangelischen Gesangbuch erklingen, je nach dem Thema des Kirchenjahrs. Darunter ist natürlich auch das Lutherlied EINE FESTE BURG. Bis zum Jahr 2015 wurden die Glockenspielmelodien über eine Spielwalze, Lochpapierstreifen und Tastfinger abgespielt und erst dann auf eine digitale Steuerung umgestellt. Seither erklingen die Lieder hörbar zügiger. Auf einem Spieltisch der Kirchenempore lässt sich das Glockenspiel übrigens auch manuell bedienen.

Besonders willkommen ist dieses akustische Überraschungsgeschenk, wenn man bei Vannini auf dem Marktplatz vor einem guten Eis – einem der gefragtesten in der ganzen Region – sitzt. Der Klang hat nichts mit dem Dröhnen eines Sonntagsgeläuts gemein (das gibt es außerdem), sondern erinnert eher an einen hellen Stundenschlag in einem Fachwerkstädtchen. Und wer die meisten Lieder erkennt, hat sich eine Extrakugel Eis verdient. Denn seit 2020 beansprucht Vannini für sich mit über 50 Eissorten die „längste Eistheke Europas".

Marktplatz 12, 67547 Worms
http://www.dreifaltigkeitskirche-worms.de
ÖPNV: Bus 401, 402, 430, 434 Station Marktplatz

Ein
Christenmensch
ist ein freier Herr
über alle Dinge
und niemandem
untertan.

Ein
Christenmensch
ist ein dienstbarer
Knecht aller Dinge
und jedermann
untertan.

Martin Luther
von der Freiheit
eines Christenmenschen
1520

In große Fußstapfen treten
Die Lutherschuhe

Groß sind sie und altmodisch, die bronzenen Schuhe des Junkers Martin, der dem Kaiser des Römischen Reiches Deutscher Nation gegenüber nach einer Bedenkzeit von 24 Stunden die folgenden Worte geäußert haben soll: „Wenn ich nicht durch Zeugnisse der Schrift und klare Vernunftgründe überzeugt werde; denn weder dem Papst noch den Konzilien allein glaube ich, da es feststeht, dass sie öfter geirrt und sich selbst widersprochen haben, so bin ich durch die Stellen der heiligen Schrift, die ich angeführt habe, überwunden in meinem Gewissen und gefangen in dem Worte Gottes. Daher kann und will ich nichts widerrufen, weil wider das Gewissen etwas zu tun weder sicher noch heilsam ist. Gott helfe mir, Amen!" Der berühmte Zusatz „Hier stehe ich und kann nicht anders!" ist vermutlich eine zeitgenössische Schlagzeile aus der Druckerei, denn natürlich wurde sofort über Flugblätter berichtet, was sich in Worms zugetragen hatte; Luthers Thesen und seine Bibelübersetzung profitierten ja von der sich entwickelnden Druckerpresse.

Besucher*innen im Heylshofpark (s. S. 172, 206) können in die Schuhe hineinschlüpfen und spüren, wie sich das anfühlt: Dem Chef oder der Chefin sagen, dass man bei seiner Meinung bleibt, auch wenn sich das sonst niemand traut. Dem Partner oder der Partnerin endlich offen sagen …

Hier sind die Besucher*innen selbst gefragt, sich über ihren Mut und ihre Überzeugung Gedanken zu machen. Vermutlich stand Luther tatsächlich nicht weit von hier, denn an der Stelle der Schuhe befand sich der Bischofspalast, in den der Kaiser den Reformator zum Widerruf zitierte. Eine Rednertribüne ergänzt die Schuhe, denn hier oben saß Luthers Widerpart – ein noch sehr junger Kaiser, der ebenfalls zu seinen Prinzipien stand. Konzipiert haben den Parcours Norbert und Constanze Illig. Dazu gehören auch akustische Denkanstöße und die hohen Stelen (s. S. 100) an der Hofgasse. Eventuell werden nicht alle Exponate über das Jahr 2021 (500 Jahre Luther-Reichstag) hinaus zu sehen sein.

Heylshofpark, Stephansgasse 9, 67547 Worms
ÖPNV: Bus 401, 402, 430, 434 Station Marktplatz

48

Vom Rhein umarmt
Der Schiffermast von Rheindürkheim

Worms liegt nirgends näher am Rhein als im Vorort Rheindürkheim, so ist oft zu hören. Tatsächlich ragt am Ufer vor dem Rathaus der Schiffsbug der RHEINTREUE des Schiffervereins mit Mast und Flaggen weit hinaus auf den Strom. Laut Äußerungen in Schifffahrtsforen ist dies für manche vorbeifahrenden Kapitäne der „schönste Mast entlang des Rheins". Angeblich wurde sogar schon in der Patentprüfung gefragt, woran man die Ortslage Rheindürkheim sofort erkenne. Alljährlich im Frühsommer entsteigt eine Rheinperlenkönigin samt Prinzessinnen dem Rhein, vermittelt natürlich über Schiffsplanken. Auf dem großen Festplatz wird zum Rheinperlenfest geladen. Die alten Häuser im Ortskern haben noch den Charme von Fischerhäusern. Das Gebäude der alten Feuerwache an der schmalen Uferstraße erinnert an Zeiten, in denen von hier aus bei Feuer- wie Wasseralarm ausgerückt werden musste. Seit die Hochwasser- und Überschwemmungsgefahr durch Vater Rhein dank moderner Dämme besser kontrollierbar ist, lässt sich ein Spaziergang in den weiten Auen mit traumwandlerischen Ausblicken auf die Rheinufer zu beiden Seiten in aller Ruhe genießen. Wer sich mit einem guten Buch in eine Jane-Austen-Romanze versetzen möchte, findet hier die passende Landschaft dazu, mit ihren hohen, alten Bäumen, Trauerweiden und dem leise im Gras flüsternden Wind. Ein weitläufiger Abenteuerspielplatz lädt Jung und Alt zu Picknick und stundenlangem Verweilen ein. Hungrige finden im HESSISCHEN HOF direkt am Rheinufer neben Flammkuchen und Vegetarischem auch russische Spezialitäten. Der passende lokaltypische Wein kommt vom Weingut Pfleger (Hintergasse 52). Rheindürkheim eignet sich hervorragend für Hochzeiten mit maritimen Fotomotiven und bietet viel Auslauf für eine Hochzeitsgesellschaft.

TIPP: *Die Weiterfahrt ins entzückende Ibersheim über die schmale Dammstraße ist besonders schön per Fahrrad, kann aber auch mit dem Bus 432 gemeistert werden.*

Kirchstraße 1, 67550 Worms-Rheindürkheim
ÖPNV: Bus 431, 432, Station Rathaus

49

Ein Herz für Holz & Hobel
Das Schreinermuseum in Hochheim

Zu Recht galt Hochheim als Schreinerdorf. In diesem heutigen Wormser Stadtteil gab es um 1900 etwa 90 Schreinerbetriebe, hat der Heimat- und Kulturverein Worms-Hochheim herausgefunden. 1945 waren es noch 250 Schreiner in 27 Betrieben, oft nur Ein-Mann-Betriebe oder Zulieferer. „Zum Arbeiten hatten sie meist so viel Platz wie hier", weist Gründungsmitglied Wolfgang Hasch auf den einzigen Raum des vom Verein 2015 eröffneten Museums von etwa 15 qm. Dass es um die Jahrhundertwende zu solch einem Schreiner-Boom kam, ist dem Wohlstand durch die Lederindustrie zu verdanken. Jeder Bürgerhaushalt wollte einen Vertiko-Schrank, auf dem der Zierrat in der guten Stube präsentiert wurde. Fünf bis sechs solcher Schränke pro Woche hatte ein Geselle herzustellen. Aus den Betrieben Schärf und Rausch-Merkel wurden Möbelfabriken. 1926 schlossen sich Hochheimer Schreinerbetriebe zu einer Einkaufsgemeinschaft zusammen. Doch Inflation, Arbeitslosigkeit und die industrielle Möbelproduktion machten dem Handwerk zunehmend zu schaffen, immer mehr Betriebe verschwanden. Eine Karte verzeichnet, wie lange es welchen Betrieb noch gab. Heute sind drei geblieben.

Das Ziel eines 1995 eigens gegründeten Vereins lautete, in Hochheim ein Schreinermuseum zu eröffnen. Vieles wurde gesammelt und von ehemaligen Betrieben geschenkt. Ein Gebäude fand sich schließlich neben der Ortsverwaltung. Viele Ehrenamtliche legten bei der Umgestaltung selbst mit Hand an. Heute sind die Highlights der Sammlung das Modell einer Schreinerstube, ein Vertiko-Schrank von 1850, ein Holzfenster sowie eine ansehnliche Hobel-Sammlung: vom Schrubb- bis zum Nuthobel. Oder eine Litho-Druckplatte für einen Möbelkatalog: Hier konnten die Kund⁺innen sich ihren Traumschrank aussuchen. Als Souvenir ist ein Abguss des Hochheimer Gerichtssiegels von 1694 erwerbbar. Ein Video zeigt, wie schwer die Arbeit war: 70-80-Stunden-Wochen bedeutete sie. Kein Wunder, dass auch im Schreinerstuben-Modell ein Vogelkäfig (statt Radio) und eine Bierflasche nicht fehlen. Zu den Öffnungszeiten der Ortsverwaltung kann das Museum auf Anfrage besichtigt werden.

Binger Str. 63, 67549 Worms
ÖPNV: Bus 408, Station Konventstraße

50

Auf Schnäppchenjagd?
Die Kämmererstraße

Die Kämmererstraße ist heute neben der Wilhelm-Leuschner-Straße (oft noch „KW" nach ihrem alten Namensgeber Kaiser Wilhelm genannt) das Rückgrat der Fußgängerzone. Nicht nur größere Einkaufshäuser und die überdachte Kaiserpassage sind von hier aus zugänglich. In der Unteren Kämmererstraße finden sich auch originelle, inhabergeführte Läden. Den Auftakt bildet der Eingang gegenüber dem Marktplatz, den Abschluss die Martinspforte. Kämmerer, und zwar kaiserliche, stellte jahrhundertelang die Familie der Dalbergs mit Sitz in Herrnsheim. Ihr Glanz strahlte auch auf Worms aus. Auf alten Bildern rollt noch der Autoverkehr durch die Kämmererstraße, heute fest in Fußgängerhand und nicht weniger lebhaft. Straßenmusiker*innen, Infostände, Buden zum Weihnachts- und Allerheiligenmarkt und zu außergewöhnlichen Anlässen: Hier ist immer etwas los. Lässt man den Blick über die Häuserzeilen rechts und links schweifen, entdeckt man immer wieder barocke Juwelen: Häuser, die die mannigfachen Stadtzerstörungen überlebt haben. Etwa dasjenige von Optiker Müller auf der Ecke zu Martinsstift und Ludwigsplatz. Oder den Wambolderhof, Sitz der Casinogesellschaft. Viele der barocken Häuser wurden über einem weit älteren Keller errichtet. Nach dem Brand von 1689 ist schließlich überliefert, dass die zurückgekehrten Bewohner*innen noch jahrelang weiter in ihren Kellern unter den Brandruinen ihrer Häuser gehaust haben sollen. Ihre Blütezeit als Geschäftsstraße erlebte die Kämmererstraße zur Gründerzeit bis etwa zum Ersten Weltkrieg. Viele gründerzeitliche Geschäftshäuser sorgten für ein urbanes Einkaufserlebnis. Auch die Querstraßen Haardtgasse und Hafergasse sind heute Fußgängerzone, sowie auch der Obermarkt und ein Großteil des Ludwigsplatzes. So ist eine kohärente Einkaufsmeile inmitten des Stadtkerns entstanden, die immer wieder durch Neueröffnungen Neugierige anzieht. Dass es nicht zu langen Leerständen kommt, dafür wollen Stadtmarketing und Stadtentwicklung sorgen und das junge Popup-Festival in leer stehenden Geschäften – jedes Jahr in anderen!

Kämmererstraße 53, 67547 Worms
ÖPNV: Bus 401, 402, 430, 434, Station Marktplatz

Kinowelt
Liebe wie im Film

Popcorn, Nachos und Co. reichen heute nicht mehr, um mit allen Sinnen für ein bis zwei Stunden in die Zelluloid-Realität abzutauchen. Ein Kino muss den Traum auch über die Leinwand springen lassen. Auch im Wormser Kino lässt man sich hier einiges einfallen. So steht das anregende Kürzel „FKK" für Film, Kaffee und Kuchen und wird in Zusammenarbeit mit der Seniorenakademie der Caritas veranstaltet, denn Liebe geht in jedem Alter durch den Magen. Händchenhalten und Kino, das gehörte für viele einmal zusammen wie Vespa und Italienfeeling. Einmal im Monat, meist am ersten Dienstag des Monats, gibt es um 15 Uhr zur Vorführung eines ausgewählten Films Kaffee und Kuchen. Das Gedeck wird direkt am Kinosessel serviert und darf in Ruhe verzehrt werden, bevor es heißt: Licht aus, Film ab! Und wessen Liebe der Oper gilt, der genießt Live-Übertragungen aus dem LONDON ROYAL OPERA HOUSE.

Für Film- und Gaumenfreunde gibt es KINOWELT KULINARISCH. Hier flimmern Filme über die Leinwand, zu denen gutes Essen und Trinken passt. Hier kooperiert man mit der Bockenheimer Weinstube und dem Weingut Klosterhof. Los geht's am frühen Abend (18.30 Uhr) mit einem Sektempfang im Foyer, gefolgt vom Servieren der Vorspeise im Saal. Anschließend wird der erste Teil des Films gezeigt. In einer etwa dreiviertelstündigen Pause gibts den Hauptgang und anschließend wird die zweite Hälfte des Films gemeinsam genossen. Zu allen Gängen werden passende Weine gereicht. Und zum Abschluss, gegen 22 Uhr, gibts dann noch ein Dessert. Ein solcher gemeinsam verbrachter kulinarischer Abend kann ein besonderes Geschenk für jemanden sein, den man schätzt und liebt. Die Karten für die KINOWELT KULINARISCH sind nur im Vorverkauf an der Kinokasse zu haben.

Und wer den nächsten Mädelsabend mal im Kino verbringen will, dem sei die LADIES NIGHT empfohlen, mit Filmen zum Träumen – exklusiv für Ladies – und einem Prosecco inklusive!

Wilhelm-Leuschner-Str. 20, 67547 Worms
ÖPNV: Alle Buslinien, Station Hauptbahnhof

Ein Palais der Gesundheit mit „Musik drin"
Die Adlerapotheke

52

Worms könnte komplett barock sein, wären nicht die beiden Bombennächte 1945 gewesen. Denn nach dem Stadtbrand 1689 wurde die Stadt barock neu aufgebaut. Hier und da blieb ein Gebäude aus dieser Zeit erhalten. An prominenter Stelle vor dem Dom steht heute noch die ADLER APOTHEKE. Ehemals als „Palais Prittwitz" bekannt, wuchs hier im Obergeschoss der Komponist Rudi Stephan auf, nach dem heute das humanistische Gymnasium der Stadt benannt ist. Dort wird zwar kolportiert, dass der Namensgeber in Latein keine Leuchte gewesen sein soll. Doch hat er einige innovative Musikwerke hinterlassen. Rudi Stephan wurde 1887 in eine wohlhabende Familie hineingeboren. Sein erstes öffentliches Konzert fand 1911 in München statt und fand großen Anklang. In der Zeit zwischen Spätromantik und Moderne wurde er als Erneuerer und „Wegbereiter der neuen Musik" gefeiert. In den Jahren 1911–13 hatten seine uraufgeführten Werke für Saiteninstrumente und für Orchester großen Erfolg. Sogar eine Oper schrieb er, DIE ERSTEN MENSCHEN, die allerdings erst 1920 in Frankfurt uraufgeführt wurde. Leider erlebte der begabte Komponist dies nicht mehr, denn er fiel, zum Kriegsdienst eingezogen, noch im selben Jahr in Galizien, nur 28 Jahre alt. Sein Elternhaus hingegen, 1725 gebaut und eines der schönsten Wormser Barockgebäude, überlebte mit einigen Schäden sogar den Zweiten Weltkrieg und ist seit 1841 Sitz der altehrwürdigen ADLER APOTHEKE.

Eine Apotheke im Domumfeld gab es in Worms schon um 1200. Bauherr des heutigen Gebäudes war ein von König Karl VI. in den Adelsstand erhobener preußischer Armeehauptmann, Freiherr Joachim Wilhelm von Prittwitz. Im 19. Jahrhundert entdeckte hier der Apotheker Theodor Salzer eine Unterphosphorsäure und entwickelte eine sogenannte Kristallwassertheorie. Seit 1910 steht das Haus unter Denkmalschutz.

Neumarkt 1, 67547 Worms
www.adlerapotheke-worms.de
ÖPNV: Bus 401, 404, 414, Station Marktplatz

Ein wahrer Demokrat
Die Luther-Ampel

„Hier stehe ich …" Das könnten auch Fußgänger*innen an einer roten Ampel von sich sagen. Tatsächlich hat sich die Evangelische Kirche Deutschlands (EKD) im Vorlauf zum 500-jährigen Reichstagsjubiläum von 1521, als Luther seinen Widerruf verweigerte, etwas Neckisches einfallen lassen: Seit 2018 erscheint ein beleibter Luther auf der Fußgängerampel am Lutherplatz. Im Stehen stemmt er trotzig die Arme in die Taille, im Gehen weht sein Gewand um den imposanten Bauch. Die Wormser*innen haben das leuchtende „Martinsmännchen" sofort ins Herz geschlossen. Die Aktion war ursprünglich Teil des Programms zum Wormser Rheinland-Pfalz-Tag 2018. Bis mindestens 2021 bleibt der leuchtende Martin, dann öffnet die große überregionale Lutherausstellung im Museum Andreasstift (s. S. 58) ihre Pforten.

Unkonventionelle Ampelmännchen liegen im Trend. Deutscher Pionier war das „Ostmännchen", das nach der Wende auch in vielen Städten des Westens über die Kreuzung lief, übrigens erst nach harschen Protesten im Osten gegen die „Verwestlichung" der Männchen! Seither wachen in Mainz Mainzelmännchen an der Ampel, in Trier Karl Marx, in Augsburg ein Kasperle, in Duisburg ein Bergmann, in Emden Otto Waalkes, im dänischen Aarhus ein Wikinger und in Zwickau eine wegen ihrer unzeitgemäßen Zöpfe umstrittene Ampelfrau. Am vielfältigsten sind die Erfurter, mit „Männchen" vom Wanderer bis zur Schulanfängerin.

Nichts ist so urdemokratisch wie das Fußvolk an der Ampel, das im wahrsten Wortsinn mit den Füßen abstimmt. So kamen etwa Versuche mit den Kommandos „Warten" und „Gehen" in den 50er-Jahren nur schlecht an. In vielen Ländern Asiens beginnt ein Männchen gegen Ende der Grünphase zu rennen; bei der Rotphase wird die verbleibende Wartezeit digital angezeigt. Humor und Überraschung scheinen also die Beachtung zu fördern. Diese Einsicht täte in der EU wohl, denn ein dort angedachtes Einheits-Euromännchen könnte an Nichtbeachtung scheitern.

Übergang Lutherplatz – Wilhelm-Leuschner-Straße
ÖPNV: Bus 401, 407, 430, 434, Station Adenauerring

54

Träume in Sahne
Café Konditorei Schmerker

Schmerker ist das Traditions-Café in Worms, in dem sämtliche Sehnsüchte nach Sahnetorten bis zur mehrstöckigen Hochzeitstorte Erfüllung finden. Heute in der vierten Generation in Familienhand, betreibt Schmerker, 1925 in Lampertheim überm Rhein gegründet, fünf Filialen, zwei davon in Worms: in der Fußgängerzone „KW" (Wilhelm-Leuschner-Straße) und am FH-Kreisel (Bebelstraße). In der heutigen Form wurde das Kaffeehaus in der KW 1997 neu eröffnet. Liebe und Freundschaft kennen kein Alter und so trifft man hier zum vertraulichen Plausch Freund*innen jeden Alters. Erwachsene Kinder führen am Wochenende die Mama aus und lassen sich die unvergleichlichen Torten und Pralinenspezialitäten auf der Zunge zergehen. Besonders gefragt sind die original Schmerker Hochzeitstorten, bei denen sich die Kreativität der Konditorei austoben kann: von einer zweigeteilten Diskotorte über Frühlingsfarben bis zum trendigen Naked Cake. Diese wie gigantische Joghurttörtchen wirkenden, frischen Hochzeitstorten sehen zum Anbeißen aus mit ihrer Dekoration aus vereisten Früchten, Blättern oder Blüten. Auf Überzug und äußeren Cremeanstrich kann hier verzichtet werden, sodass ein Eindruck von unwiderstehlicher Frische entsteht. Auf der Website kann man die Fantasie schon einmal surfen lassen. Auch für Taufen, Kommunion, Geburtstage und andere Anlässe werden Torten nach Wunsch mit Glückwunsch, Logo, Bild, Marzipanblumen oder gar echten Blumen gestaltet. Zu Weihnachten und Ostern oder auch städtischen Feieranlässen kreiert die Konditorei gerne besondere Kunstwerke der Schokolaterie, ob Drachen oder feine Pralinensorten.

Mitttagessen kann man bei Schmerker auch oder das Tagesgericht mitnehmen. Wer gerne mal wieder sein Lieblingsgericht essen möchte, darf sich dies vorab beim Küchenteam wünschen.

TIPP: *Wer eine fantasievolle Hochzeitstorte von Schmerker möchte, sollte sie mehrere Monate vorher bestellen.*

Wilhelm-Leuschner Straße 9, 67547 Worms
www.cafe-schmerker.de / www.schmerker.com
ÖPNV: Bus 410, 431, 644, Station Kriemhildenstraße

55

Liebe und Kreativität
DAS CAFÉ L

Wofür steht das L?

Die heutige Betreiberin des Café L, die Lebenshilfe Alzey-Worms, verneigt sich damit vor der Tradition, denn bis 2011 hatte hier 110 Jahre lang das Traditionskaffeehaus Lott die Wormser Gaumen verwöhnt. So flicht das „L" eine Verbindung. Das einzig Bedauerliche an diesem Schmuckstück in der Innenstadt ist, dass es nur bis 18 Uhr geöffnet hat. Denn die stylische Innenausstattung und leckere Verköstigung wären auch nach einem Theaterbesuch hochwillkommen. Die Lebenshilfe beschäftigt im Cafébetrieb behinderte und nichtbehinderte Menschen und bietet vom Frühstück über gesunde Tagesgerichte und einfallsreich zusammengestellte Salate alles bis zu Kaffee und Kuchen.

Nur hier bekommt man in Worms die unnachahmlich feine Patisseriekunst des Hauses Rebert aus dem elsässischen Weissenburg zu kosten. Statt des Kurztrips ins Nachbarland reicht also auch ein Gang in die Hafergasse. Fast alles andere wird in der Küche der Lebenshilfe angefertigt. Außerdem gibt es die hauseigenen Nudeln Pfrimmilli (benannt nach dem Wormser Flüsschen Pfrimm) zu kaufen sowie Salze, Naturgewürze, Konfitüren oder Knuspergebäck. Mit etwas Glück sind auch Kunstwerke aus dem atelierblau, dem Kunstatelier der Lebenshilfe (s. S. 144), zu haben, etwa die Espressotassen-Unikate. In der Vision der Lebenshilfe werden Menschen mit geistiger Behinderung in eine solidarische Gesellschaft integriert: „Die Erfüllung ihres Anspruches auf Integration, Selbstbestimmung und Teilhabe am Leben in der Gesellschaft ist Zweck unseres Handelns."

TIPP: *Wer mit dem Zug nach Worms kommt, findet im GLEIS 7 gegenüber dem Bahnhof ein ähnlich konzipiertes Café.*

Hafergasse 5, 67547 Worms
www.lebenshilfe-worms.de
ÖPNV: Bus 401, 402, 430, 434, Station Marktplatz

56

Wo Wein und Party regieren
Der WEINLADEN BORGNOLO am Weckerlingplatz

Noch immer gibt es im traditionsreichen Laden am Weckerling-platz, einer ehemaligen Küferei mit Weinkeller, die Weine aus dem Liebfrauenstift (s. S. 74) und der Region zu kaufen. Der Betreiber Filippo Borgnolo hat an diesem „französisch" wirkenden Platz, der nach einem Wormser Archivar benannt wurde, außerdem eine einzigartige Event-Location geschaffen. Jede Woche mindestens einmal ist hier Party: Die legendäre AfterWork-Party mit Musik von Depeche Mode, sowie DJ- und Live-Konzerte aller Art. Andere Formate kommen stetig hinzu, ob FRIDAYS FOR SCHORLE, Blues-Abende, JAZZ UND WEIN, Elektronische Musik oder Schlagerparty. Der Erfindergeist des Betreibers scheint kaum Grenzen zu kennen.

1983 im norditalienischen Friaul geboren, erlernte Filippo Borgnolo das Gastronomiehandwerk von seiner Mutter Daniela, die selbst erfolgreich mehrere Restaurants betreibt und ein Kochbuch verfasst hat. Nach der Ausbildung zum Restaurantfachmann arbeitete er 15 Jahre lang als Küchenchef im gehobenen italienischen Restaurant seiner Mutter. Bei der Suche nach neuen Herausforderungen zog es ihn von seiner Heimatstadt Darmstadt nach Worms. Im April 2015 übernahm er dort die Wormser Valckenberg-Weinhandlung. Der sagenhafte Weinkeller mit seinen alten Fässern, der größte Rheinhessens, der sogenannte ELEFANTENKELLER, ist derzeit aus Sicherheitsgründen leider nicht zugänglich und wird nicht betrieben. Doch auch so sorgen Partys, Konzerte, Wein und leckere Snacks in diesem besonderen Ambiente am Weckerlingplatz für viel gute Laune, gerade im Winter.

TIPP: *Filippo Borgnolo betreibt außerdem die CAFÉ BAR BORGNOLO, welche sich nur ca. 200 Meter entfernt im Haus am Dom befindet (s. S. 68) und auch perfekt für Gruppen geeignet ist. Dort kann man bei einer unvergleichlichen Aussicht auf den Wormser Kaiserdom original italienischen Kaffee, leckere Kuchen und Torten, klassisches Frühstück sowie viele andere Köstlichkeiten genießen, im Sommer bis in den fortgeschrittenen Herbst auch draußen.*

Weckerlingplatz 1 , 67547 Worms
www.gastroborgnolo.de
ÖPNV: Bus 401, Station Domplatz

57

Eis am Puls des Rheinpegels
Das PEGELHÄUSJE

Ein ganz neuer Lieblingsort vieler Wormser*innen, an dem sie sich originelle Eissorten wie Granatapfel, Seepferdchen (Mango, Maracuja, Orange) oder Schoko Zartbitter auf der Zunge zergehen lassen können, ist der Platz am Pegelmesser, zwischen zwei denkmalgeschützten Häuschen. Marijana Herbold und Sabrina Jany haben sich hier einen Herzenswunsch erfüllt und so wurde das winzige, einstige GELDERHAUS mitten in der Sommersaison 2019 zur Eistheke mit Kaffeebar und Kuchenvitrine umfunktioniert und boomte schon im ersten Sommer. Gerade die genannten Eissorten, die es sonst nicht in Worms gibt, waren sehr gefragt. Eine neue Wand wurde eingezogen, eine Toilette eingebaut, Elektrik- und andere Leitungen erneuert. Der Name GELDERHAUS erinnert daran, dass hier einst Wegezoll von den Schiffern kassiert wurde. Das mit Blick auf den Rhein rechte, fast identisch wirkende Häuschen, das sogenannte DAMMWÄCHTERHAUS, wird vom Betreiber des Biergartens KOLB als Technik- und Abstellraum genutzt. Beide sind denkmalgeschützt. Für den Umbau mussten die Betreiberinnen intensive Gespräche mit Wasser- und Schifffahrtsamt, Denkmalpflege und natürlich der Gewerbeaufsicht führen.

Dort, wo sich Spaziergänger*innen schon immer gerne über den Rheinpegel unterhielten und den vorbeiziehenden Schiffen nachschauten, kann sich nun auch der Gaumen freuen, bei starker Sonne unterm Schattensegel. Und wie liest man nun die Pegel-„Uhr" am Türmchen ab? Es sei hier verraten: Der kleine Zeiger zeigt die Meter auf dem inneren Zahlenkreis, der größere die dazu gemessenen Dezimeter auf dem äußeren Kreis. Steht der kleine auf 2 und der große auf 4, so liest man 2,40 Meter.

Ein Tipp: Zur Kontrolle der Ablese-Ergebnisse kann man um das Pegeltürmchen herumgehen und hoch oben auf der Digitalanzeige noch einmal nachlesen. Dort wird der Wasserstand in großen Lettern für die Schiffe angezeigt. Vater Rhein schaut zum Glück nur selten über die Uferkante. Das letzte Mal geschah dies 2013. 6,22 Meter betrug damals der Pegel, dann sank er wieder. Näher als hier ist man dem Puls des Rheinpegels nirgendwo in Worms!

Am Rhein 1, 67547 Worms
https://www.facebook.com/Pegelhäusje-206898156865833/
ÖPNV: Bus 410, Station Rheinpromenade

58

Noch spontan zum Kolb?
KOLBS BIERGARTEN

Hier ist vermutlich schon 1838 Victor Hugo von der Fähre gesprungen, wie alle, die vom anderen Rheinufer in die Stadt wollten. Als sterbende Stadt beschrieb der Romancier Worms, doch faszinierte ihn der Anblick vom Rhein: „Der Mond hatte alle Nebel zerstreut. … Die Landschaft wirkte wie reingewaschen und das großartige Profil des Doms mit seinen Türmen […] erschien am Horizont. Ein ungeheures Schattengebilde hob sich vom sternenübersäten Himmel ab wie ein mächtiges Schiff der Nacht, das inmitten der Gestirne vor Anker ging." Die Inschrift am heutigen Kolb-Gebäude verweist sogar auf das Jahr 1720. Der Biergarten gilt als ältestes Gasthaus von Worms, sicher zu Recht. Seit 1960 übernahm ihn Margarethe Kolb, die legendäre „Kolbe Gretel". Urwormser*innen erinnern sich, dass man sich selbst bedienen musste, wenn die Wirtin allein war. Nach ihrem Ruhestand und der Übergabe des Lokals an den nicht weniger stadtbekannten Stefan Herbold, genannt „Phippo", lebt die alte Dame immer noch in der Nähe. Der Spitzname des Nachfolgers geht zurück auf dessen Vater Philipp. Nach ihm wurde auch er „Phippo", kleiner Philipp, gerufen. 2018 wurden 100 Jahre Kolb und 25 Jahre Phippo gefeiert – mit einem Sommerfest natürlich! Was viele nicht wissen, ist, dass Phippo beim Sternekoch Wolfgang Dubs in die Lehre gegangen ist, der heute ein Lokal in Osthofen betreibt. Viele Gäste begrüßt Herbold mit Handschlag, einige mit ihrem Vornamen.

Die knorrigen, uralt wirkenden Platanen des Biergartens wurden übrigens erst nach dem Krieg neu gepflanzt. Wer nachschauen möchte, findet in den gemütlichen Räumlichkeiten Aufnahmen aus dem Worms alter Tage. Viele, die schon in ihrer eigenen Jugend hierhergingen, kommen heute mit Kindern und Kindeskindern her. Und alle Generationen schwören auf die unnachahmlich gepfefferten „Knusperhähnchen". Public Viewing im Schatten und bei einem gepflegten Bier ist hier ebenso beliebt wie die nostalgischen Sommerpartys mit Livemusik.

Am Rhein 1, 67547 Worms
https://kolbs-biergarten-worms.de
ÖPNV: Bus 410, Station Rheinpromenade

59

Liebe lieber indisch-pakistanisch

Das PUNJABI HAUS

Klein und fein ist das Restaurant PUNJABI HAUS in der Petersstraße auf Höhe des Marktplatzes. An dem leuchtend orangen Haus grüßt ein Elefant aus Stahl vom fernen Subkontinent und macht Lust auf gut gewürzte Speisen, viele davon vegetarisch oder vegan, manche glutenfrei, laktosefrei oder halal. Besonders zu empfehlen ist der hausgemachte Käse Panir in Kombination mit verschiedenen Gemüsesorten. Bei leisen Sitarklängen und Blick auf ein gemaltes Taj Mahal, weltberühmtes Denkmal einer großen Liebe, fühlen sich hier Paare, Touristen und junge Leute wohl. Oft hört man Englisch, Französisch oder Spanisch am Nachbartisch. Seit 2007 bieten Farzana und Yousaf Mohammad etwa 150 verschiedene, variantenreiche Gerichte, Currys und zischend frisch aus dem Holzkohle-Lehmofen servierte Tandooris. Die Hausspezialitäten, verschiedene Tikkas, wurden zuvor 24 Stunden mariniert und dann im 200 Grad heißen Tandoor-Ofen am Spieß gegrillt. Zum Auftakt gibt es meist einen Gruß aus der Küche mit Chapati- und Naan-Fladenbroten und Dips. Die Speisen werden auf Wunsch auch weniger scharf gereicht oder eingepackt mitgegeben. Wem es dennoch zu scharf wird, kann als Beilage ein erfrischendes Raita (Joghurtgericht) mit Gurken, Kartoffeln oder gemischtem Gemüse wählen. Unter der Woche gibt es viele Currys als Mittagstisch inklusive Naan in mehreren Varianten. Für zwei Personen bietet sich ein Pakora-Vorspeisenteller an: Teigtaschen mit Hühnchenfüllung oder Gemüse. Das Mango-Lassi wird großzügig eingeschenkt. Wer nach dem Essen noch einen Nachtisch schafft, dem empfehle ich die frittierten Bällchen Gulab Jamun mit Honig. Zum Abschluss gibt es als Verdauungshilfe zuckergussüberzogene, bunte Fenchelsamen.

TIPP: *Einzige Gelegenheit für einen echten Elefanten, in der Petersstraße vorbeizuschauen, wäre die Hochzeit des Stauferkaisers Friedrich II. mit Isabella von England im Jahre 1235 gewesen. Die Zeitgenossen schwärmten von viel exotischem Getier in dessen Gefolge. Ob die Stadttore groß genug dafür waren, sei einmal dahingestellt.*

Petersstr. 27, 67547 Worms
https://punjabi-haus-worms.eatbu.com
ÖPNV: Bus 405, 408, 410, 431, Station Marktplatz / Petersstraße

60

Der Espressoflüsterer
TORREFAZIONE L'ARTE DEL CAFFÈ

In der Kaffeerösterei an der Ecke gegenüber dem Heylshof verbringen Genießer*innen gerne eine kurze Auszeit. An den Stehtischen oder im Sommer draußen kommt man mit anderen Kaffeefans locker ins Gespräch. „Torrefazione" heißt „Rösterei" auf Italienisch und in Italien hat Kaffeeröster Alexander Pizzo seinen Beruf gelernt. Und er ist ein hundertprozentiger Kaffeeflüsterer. Einmal in der Woche wird frisch geröstet. In die Rösttrommel passen zwei Kilo Kaffee. Der Röster stellt Zeit und Temperatur ein, beispielsweise 184 Grad, eine vergleichsweise milde Temperatur. Durch ein Fensterchen behält er die Farbe im Blick, die die Bohnen im Röstverlauf annehmen. Ab und zu hält er das Ohr an die Rösttrommel. Das erste Knacken verrät, dass sich bereits Aromastoffe und andere Elemente lösen. Das zweite Knacken ist ein Zeichen, dass die Röstung zur Vollendung gekommen ist. Danach „ruht" der Kaffee mindestens zwei bis drei Tage, er dünstet aus. Zehn Kaffeesorten kann man in der TORREFAZIONE lose kaufen: aus Brasilien, Kolumbien, Nicaragua, Guatemala oder auch Mischungen namens SEÑORA ROSA oder EXTRA BAR. Auf einer Angebotsübersicht lässt sich die eigene Lieblingsmischung aus kräftigen und milden Geschmacksnoten bestimmen.
Gerne teilt Pizzo sein umfangreiches Wissen. Als Röster müsse man generell einen Sinn für gute Lebensmittel haben, betont er. Er schwärmt von den mineralischen Spuren der Vulkanböden im Kaffee aus Guatemala, von der Milde der mitsamt Fruchtfleisch gelieferten Bohne aus Brasilien, von der fruchtigen Note der edlen ARABICA- und dem nussigen Kontrapunkt der ROBUSTA-Bohne. Original Kaffeesäcke aus Hamburg lagern dekorativ im Geschäft. Gerne greift Pizzo eine Handvoll heraus und lässt die Gäste ihren Kaffee mit allen Sinnen begreifen. Kaffee-Accessoires wie Mühlen, Siebträgermaschinen, Tassen, aber auch Gaumenkitzel wie Tartufi, Pralinen oder Rotweine aus Piemont runden das Angebot ab. Weil man auch den Dom St. Peter aus dem Fenster sehen kann, heißt die Bestseller-Mischung des Geschäfts DON PETRUS.

Lutherplatz 2, 67457 Worms
www.arte-del-caffe.de
Bus 410, 430, 431, Station Kriemhildenstraße

61

Weihevoller Weingenuss
Die ehemalige Synagoge Pfeddersheim

Die alte Reichsstadt Pfeddersheim, als aufmüpfig berüchtigt wegen ihrer Unterstützung der aufständischen Bauern im 16. Jahrhundert, besaß auch eine tatkräftige jüdische Gemeinde. 1843 war diese so selbstbewusst, dass sie ein Synagogengebäude erwarb und als Gebetsraum nutzte. An den Gebetstrakt grenzt ein Lehrerhaus mit einem Wohnraum und einer Küche. Durch dieses betrat man früher die Synagoge. In einer später zugemauerten Nische wurde ein Exemplar der Thorarolle aufbewahrt. Die letzte Veranstaltung war eine jüdische Hochzeit im Jahr 1921.

Danach brauchte man das Gebäude nicht mehr und verkaufte es an einen christlichen Landwirt. Dieser baute das schmucke Häuschen komplett für seine Zwecke um: Den ersten Stock nutzte er als Getreidespeicher, das Erdgeschoss wurde zu einem Schweinestall umfunktioniert. Was zunächst wie eine schockierende Profanisierung aussieht, erwies sich 1938 für das Gebäude als Segen. Denn da es bereits lange in christlichem Besitz stand und zudem sehr dicht an die umliegenden Nachbargehöfte grenzte, wurde es in der Pogromnacht verschont, in der in Worms die Synagoge brannte und jüdische Geschäfte geplündert wurden. Die Pfeddersheimer Synagoge ist also eine der wenigen in Rheinhessen noch erhaltenen Synagogen. Seit 1980 im Besitz des Weinguts Streuber, wurde das Gebäude seither mehrfach saniert. Im Erdgeschoss ist heute eine Weinprobierstube neben der nostalgisch eingerichteten, großen Küche. Auch der Hof mit dem wuchernden Feigenbaum ist erlebenswert. Das ganze Ambiente ist ein lichtdurchfluteter, wie verzauberter Ort.

Der heutige Besitzer verpachtet Haus und Hof an den Pfeddersheimer Markt e.V., der hier im Sommer sein PEDDERSCHMER MARKTSTÜBCHEN betreibt. Die Verkostung erlesener Pfeddersheimer Weine ist fast schon ein Muss in dieser alten Weinstadt: Die Scheurebe trat von hier ihren Siegeszug an und der Riesling wird schon seit 1511 angebaut! Für Bierliebhaber*innen gibt es die ökologischen Biere der regionalen Brauerei SANDER. Nach guter Biergartentradition darf Mitgebrachtes verzehrt oder auch eine kleine Vesper bestellt werden.

Kleine Amthofstraße 9, 67551 Pfeddersheim
http://pfeddersheimer-markt.de
ÖPNV: Bus 405, Station Turnhalle

62

Wein, Witz und Gesang
Unvergessliche Abende im CHÂTEAU SCHEMBS

Jeder der etwa 50 Holzstühle ist ein Unikat im CHÂTEAU SCHEMPS. Ein handverlesenes Publikum, oftmals langjährige Abonnent*innen, trifft sich hier zu Lesungen, Kleinkunst und Konzerten, gerne unter den dehnbaren Rubriken Jazz oder Weltmusik angesiedelt. Alles strahlt den Charme des Handgemachten aus, von den Weinen mit individuell gestaltbaren Etiketten bis zum Naturstein-Konzertsaal. Das Château liegt im alten Försterbau, einem barocken Wirtschaftsgebäude des Herrnsheimer Schlosshofs. „Ein guter Wein muss bis zum letzten Tropfen spannend bleiben", lautet das Motto von Hausherr und Winzer Arno Schembs. Er bietet schnörkellose GUUUUUTSWEINE (so die Original-Schreibweise) und wertige Château-Weine zu den Veranstaltungen. Auf der Bühne haben kleine Gruppen Platz, die es in sich haben. Meist sind die Veranstaltungen ausverkauft. Viele Stammgäste verpassen im Jahresverlauf bis zum traditionellen Weihnachtskonzert keine Veranstaltung. Immer noch herrscht im Publikum eine Stimmung wie unter Geheimtipp-Surfer*innen. Unvergesslich sind die Abende, an denen das Bläserensemble die letzten Zugaben draußen im Hof gab, angetrieben vom stehend den Takt klatschenden Publikum. Oder die ausgelassene Darbietung der ZUCCHINI SISTERS, die gleich mehrere Fortsetzungen erfuhr. Oder auch die mittlerweile zu Stars avancierten Gitarristen von CAFÉ DEL MUNDO. Eigens für die Tänzerin des kleinen Ensembles AZUCENA RUBIO wurde der Publikumssaal zur Bühne umgebaut. Die Grenze zur privaten Feier scheint an solchen Abenden fließend. Dazu tragen auch sicher die unverwechselbaren Ansagen von Gastgeber Arno Schembs bei, dessen Frau Mieke die Gäste mit Wein und Brezeln versorgt.

Zu Geburtstagen und anderen Feiern wie auch für Hochzeiten im kleineren Rahmen lassen sich die Räume im Château mieten – ebenso übrigens wie diejenigen der benachbarten REMISE. Im Sommer kann der Sektempfang nach der Trauung im großzügigen Hof stattfinden. Kinder haben hier viel Auslauf und müssen keinerlei Autoverkehr oder sonstige Gefahren fürchten.

Herrnsheimer Hauptstraße 1, 67550 Worms-Herrnsheim
ÖPNV: Bus 407, Station Park

63

Mit Theater erwachsen geworden
Jugendtheater an magischen Orten

Seit 2002 gibt es Nibelungenfestspiele in Worms, bei denen auch Statisten mitwirken. Inspiriert dadurch, aber auch unabhängig davon haben sich seither viele Jugendtheatergruppen entwickelt. Jede hat ihre Geschichte. Die NIBELUNGENHORDE tritt jedes Jahr im Rahmenprogramm der Festspiele auf. 2007 rief der 16-jährige Schüler Christian Mayer aus dem Kreis der Festspiel-Statist*innen eine Theatergruppe ins Leben. Erwachsen geworden, nennt sie sich heute SZENE9 und ist ein wichtiger Teil des Trägervereins des Lincolntheaters. Die „9" leitet sich vom Geburtsjahr des Namensgebers Abraham Lincoln (1809) ab. 2018 rief SZENE9 Inselfestspiele im Herrnsheimer Schlosspark ins Leben. Zur Uraufführung des Stücks „Genesis" gab es Musik vom Orchester der LUCIE-KÖLSCH-MUSIKSCHULE und eine Flaniermeile mit Beleuchtung. Diese Produktion war ein Meisterstück der Logistik und Kultur-PR. „Das Charakteristische an uns ist, dass es nichts Charakteristisches gibt. Wir haben einfach Lust, uns immer wieder neu zu erfinden", sagt Co-Regisseur Benedict Schulz.

Unabhängig davon leitete Theaterpädagogin Kirsten Zeiser ihre Gruppe der Theaterkids. Als diese älter wurden, entstanden die THEATERTEENS. Mit den Jugendlichen wird gemeinsam erarbeitet, was gespielt wird und wie die Rollen besetzt werden: in freiem Spiel, Improvisation und szenischen Lesungen. Erst dann wird der Text geschrieben. Die Inszenierungen sind meist im Lincolntheater zu sehen; dieses ehemalige Kino bietet heute der gesamten Theaterjugend eine Heimat.

Als Freilichttheater für alle Generationen ging außerdem das Theater im MUSEUMSHOF im Kreuzgang des Andreasstifts (s. S. 58) an den Start. Denn der Ort spielt mit. 2019 waren 70 Darsteller*innen mit Schillers „Räubern" im Pfrimmpark zu sehen. 2020 feiert das Ensemble 15-jähriges Bestehen mit anspruchsvollem Amateurtheater. Als neues Jugend-Projekt ging 2019 weiterhin das THEATER CURIOSUM im Lincolntheater mit „Unterm Birnbaum" (frei nach Fontane) auf die Bühne.

Lincolntheater, Obermarkt 10, 67547 Worms
https://www.facebook.com/theaterimmuseumshof, https://www.facebook.com/szene9
ÖPNV: Bus 401, 402, 430, 434, Station Marktplatz

Entspannter Treffpunkt in der Rheinstraße
Das Stadtteilcafé ELSA

Junge Eltern schwören auf dieses schnucklige Café in den Räumen eines früheren Weinlokals, das auch in den Kiez einer Großstadt passen würde. Kinder drängen ihre Eltern hineinzugehen, Freundinnen treffen sich auf eine heiße Schokolade „old school" (ohne Zucker) oder einen Latte Macchiato von der Original-Kaffeemaschine aus der Kaffeerösterei ROESTGRAD (ohne Ladengeschäft). Regionale Bio-Speisen wie frische Gemüsesuppen sind Balsam für hungrige Seelen.

So wohnzimmerartig der Sitzbereich mit Kunstwerken und Schaffellen auf den Sitzbänken wirkt, so großzügig öffnen sich dahinter ein Spielraum und im Sommer zudem eine schattige Terrasse. Von Donnerstag bis Sonntag kann man, auch in Kleingruppen, lecker frühstücken; auch vegetarisch und vegan. Kinderwagen werden gemeinsam „rangiert", schlafende Baby-Augen öffnen sich staunend. An diesem urbanen „Dritten Ort" im Sinne des Soziologen Ray Oldenburg – einem Stadtteil-Treff, bei dem nicht allein der Kommerz im Vordergrund steht – gibt es auch Konzerte und Lesungen. Inhaberin ist die Firma Milango (was auf Suaheli „Türen" bedeutet), die in der Beratung für Entwicklungshilfe tätig ist. Das junge Café-Team sucht das Gespräch mit Menschen: mit Touristen auf dem Weg von der Altstadt zum Rheinufer ebenso wie mit Nachbarn verschiedener Herkunft. So hat sich im Viertel, das noch immer als „schwierig" gilt, ein Netzwerk aufgebaut. Nicht umsonst steht ELSA für „Entwicklung – lokal, sozial und allparteilich". Denn das Café versteht sich auch als Treffpunkt für soziale und lokale Projekte, vor allem für Frauen. Am Tresen steht oft Mareike Breitschuh, die ein Yogastudio betreibt: „Wir wollen, dass die Wormser stolz sind auf ihre Rheinstraße", sagt sie. Dazu will das Café beitragen.

TIPP: *In der EINRAUMBAR, ebenfalls in der Rheinstraße, sammelt ein junges Team in einem uralten Gebäude Publikum um sich, das abends in der Altstadt „chillen" und Cocktails genießen möchte.*

Rheinstraße 13, 67547 Worms
https://www.elsa-worms.de
ÖPNV: Bus 644, 410, Station Rheinstraße

65 Jazz, Kunst und Afterwork-Party
Das WORMSER mit Foyer und Terrasse

Ein Doppelgebäude mit einer so großzügig geschwungenen Dachterrasse, die dazu noch einen unverstellten Blick auf den Dom bietet, muss einfach bespielt werden! Auf der stimmungsvollen Terrasse an der Rotbuche, die Theater und Tagungszentrum teilt, aber nicht trennt, finden zweimal im Jahr Afterwork-Partys für 600 Personen statt, mit Liveband, Catering und unter bestimmten Mottos. Kaum sind die Karten für diese stilvollen Events zum Verkauf freigegeben, steht frühmorgens bereits eine Schlange vor der Kasse. Nach kurzer Zeit ist alles ausverkauft. Genutzt wird das Foyer auch für die Konzerte der Jazz-Initiative BLUENITE. Hier zeigen Galerie und Terrasse ebenfalls ihre Abendtauglichkeit in eleganter Beleuchtung. Auf Einladung der Jazz-Initiative war schon eine Musikgröße wie Marla Glen zu Gast in Worms. Auch bekannte Musiker wie Thomas Siffling und Gary Fuhrmann können hier auf ein eingefleischtes Fan-Publikum zählen. Jährlich im November werden im Foyer die Gewinner*innen des Wormser Jazzpreises mit einem Preisträgerkonzert geehrt. Denn nicht nur zum Sommerfestival WORMS:JAZZANDJOY (s. S. 204) etabliert sich Worms als Standort des zeitgemäßen Jazz. Der mit 5.000 Euro dotierte, zunächst vom Wormser Florian Gerster gestiftete Preis wird seit 2003 verliehen. Mittlerweile übernehmen die Finanzierung mehrere lokale Initiativen und Jazzfans. Die Preisträger*innen dürfen im Folgejahr auf dem Jazzfestival auftreten.

Im Sommer wird die Terrasse für Pressekonferenzen und Interviews genutzt. Wer dem Geländer weiter folgt, kann außen um das Tagungszentrum herumspazieren. Hinter den Terrassenfenstern sind im Foyer, wo zur Party das Tanzbein geschwungen wird, stets Werke wechselnder Wormser Künstler*innen ausgestellt. Direkt davor finden auch die Vernissagen statt, während Besucher*innen an kleinen Tischgruppen oder direkt an der Empore ihre Eindrücke und Neuigkeiten austauschen. Bewerben als Aussteller können sich Wormser Künstler*innen bei der städtischen Kulturkoordination.

Rathenaustr. 11, 67547 Worms
https://www.das-wormser.de
ÖPNV: Bus 407, 410, 431 Station Kriemhildenstraße

Akustische Liebeserklärung
Ralf-Gauck-Trio

Der Wormser Bassist Ralf Gauck konnte schon im ersten ausverkauften Konzert seines 2019 neu gegründeten Trios im Heylsschlösschen die Zuhörer*innen überzeugen. Sein von der Firma Franz Bassguitars für ihn angefertigter „Walnut Sirius Bass" hat einen weichen, fast möchte man sagen, nussigen Klang, der gut mit den klassischen Instrumenten Cello (Katharina Schmitt) und Geige (Olga Nodel, mehrfach Konzertmeisterin) harmoniert. Gauck gibt in Worms Unterricht, schreibt Lehrbücher, leitete einst eine private Musikschule und spielte mit Michael Manring, Claus Boesser-Ferrari, Tony Sheridan, Chris Jones und anderen Berühmtheiten. Und er schälte schon Spargel mit dem Akustik-Gitarristen Ian Melrose, wie er gerne zum Besten gibt. Mehrfach wurde er von Fachverbänden und Presse als bester deutscher Bassist oder gar als „Basswunder" gefeiert. Seine CD FIELDS OF GOLD, von Sting persönlich freigegeben, landeten auf der deutschen Jahresbestenliste, auch die CD KOPFKINO war sehr erfolgreich.

Kompositionen in mehrstimmigen Klangfarben zum Genau-Hinhören hat das Trio im Programm, Anklänge an Sting- oder Beatles-Motive sind kein Zufall; bei früheren Einspielungen hatte Gauck sich bereits auf diesen Weg gemacht. Überraschende Zupf-Effekte, sangbare Melodien und humorvolle Rhythmik kennzeichnen die Darbietung des neuen Trios. In den Ansagetexten spielt Ehefrau Manu eine große Rolle: Nicht nur der nachträgliche Hochzeitswalzer ist ihr gewidmet. Seit sich die beiden das Ja-Wort gegeben haben, scheint Gauck mehr denn je seinen ureigenen Weg zwischen Jazz, Folk und Klassik zu suchen.

Manu Gauck betreibt den veganen Catering-Service FROLLEIN ELFRIEDE (www.frolleinelfriede.de), der ein Mittagsmenü anbietet und für Menschen mit Wünschen nach koscherer, Halal-, veganer oder allergenfreier Verköstigung in der Region oft die Rettung ist. Klar, dass es zu den Trio-Konzerten meist vegane Häppchen gibt!

TIPP: *Im historischen Heylsschlösschen finden auch andere kleine Konzerte statt.*

Kleine Wollgasse 7, 67547 Worms
www.ralf-gauck.eu
ÖPNV: Bus 401, 402,430. 434 Station Marktplatz

67

Getanzte Sehnsucht
Tangosalon LA BOHèME

Eine Milonga (Tanzabend) mit Livekonzert lässt im Tangosalon LA BOHèME vergessen, dass man sich in einer ehemaligen Kaserne befindet. „Aus der Zeit gefallen" nimmt Salonbetreiber Stephan Prinz für den 2019 eröffneten Salon in Anspruch und setzt auf Lüster, Parkett und Kerzenlicht. Die Damen tragen Schuhe mit filigranen Absätzen, die Herren handgemacht wirkende Lederschuhe. „Kein Tanz steht der Kunst so nah, wie der Tango Argentino", betont Prinz. Ihm gefallen die Freiheit, die verschiedenen ästhetischen Varianten an diesem Tanz, der einst in den Spelunken von Buenos Aires entstand: von einfach bis verschnörkelt, von konventionell bis innovativ und frech. Versunken wirken die Paare, die Damen oftmals mit geschlossenen Augen, an den Partner gelehnt, die Herren fürsorglich zugewandt. Hier geht es nicht ums Abspulen von Tanzschulenschritten. Der Moment entscheidet, welche Figur getanzt wird, die Dame reagiert mit graziöser Eleganz, einem Kick, umspielenden Drehungen. Tango ist nichts für hektische Menschen, nichts für die große Pose. Ziel ist nicht, möglichst viele Figuren unterzubringen, sondern mit Partnerin oder Partner einen schönen Tanz zu durchleben. Wer die Tanzenden anschaut, liest in ihren Gesichtern den wortlosen Dialog, Frage und Antwort. Tango kann Paartherapie sein. Stephan Prinz hat in Worms eine Lücke gefüllt und läutet eine lebendige Tangoszene mit Live-Konzerten und öffentlichen Tanzabenden ein. Von Speyer, Mainz und Darmstadt kommen die Tangueros angereist und tanzen sich in einen Raum jenseits der Zeit. Zwei Aufbau- und einen Anfängerkurs bietet der Tangosalon derzeit an. Achtsam, geduldig und mit Respekt, so wünscht sich Prinz seine Tanzschüler*innen. Tango ließe sich nicht über Nacht lernen, über Jahre entdecke man sich im Tango immer wieder neu, so Prinz.

Im KUNSTHAUS rund um den Salon bevölkern zeichnende, malende oder bildhauende Künstler*innen die Ateliers – eine inspirierende Umgebung!

Prinz-Carl-Anlage 19, 67547 Worms
www.tangosalon-la-boheme.de
ÖPNV: Bus 407, 430. 434, Station Prinz-Carl-Anlage

68

Atelierblau
Kunstakademie für Menschen mit einer anderen Sichtweise

2019 feierte das ATELIERBLAU der Lebenshilfe für geistig behinderte Künstler*innen sein 10-jähriges Bestehen mit einer Ausstellung im Dom, mit Festakten und der Ausstellung „Auf Augenhöhe" im KUNSTHAUS. „Augenhöhe" ist ein Schlüsselbegriff, denn die Idee hinter dem Konzept ist integrativ. „Kunst ist Kunst", erhalten Menschen zur Antwort, die fragen, welches Objekt nun von behinderten, welches von nichtbehinderten Künstler*innen stamme. Allein die Frage verrät, wie schwierig das oft zu erkennen ist. Angeleitet wird die selbst verstandene „Akademie für Menschen mit einer anderen Sichtweise" dreimal pro Woche im KUNSTHAUS vom Künstler Horst Rettig. Wer welches Projekt angeht, entscheidet jede*r selbst. Gemeinsame Ausstellungen werden in der Runde besprochen. Im In- und Ausland stellte das ATELIERBLAU bereits aus. Eine Ausstellung in China lehnte die Künstlergruppe aus ethischen Gründen ab, da sie Staaten, in denen es Unrecht und Willkür gebe, nicht unterstützen möchte.

Das ATELIERBLAU ist mittlerweile überregional bekannt. Rettig wurde von Therapeut*innen nach seinem sonderpädagogischen Ansatz gefragt und ist doch einfach als Mensch an diese Aufgabe herangegangen. Er wird durch die zum Teil erstaunlichen motorischen Entwicklungen der ATELIERBLAU-Künstler*innen in ihrer harmonischen Gruppe bestärkt. Michaela Schmidts beispielsweise malt gerne in Acryl und stellt an ihre eigene Kunst hohe Anforderungen. Über das Atelier lassen sich Verkaufsrenner wie bemalte Kaffeetassen, Hemden, Textilien und andere Objekte käuflich erwerben. Manchmal wird es stressig, den zahlreichen Bestellungen nachzukommen.

Ein Ort der Begegnung und Kreativität ist das gesamte KUNSTHAUS. In den übrigen Ateliers in der ehemaligen Kaserne gibt es eine Textilkünstlerin, Malkurse, einen Fotografenkreis, Yoga, einen Tangosalon (s. S. 142) und mehr. Mehrmals im Jahr öffnet das Haus seine Pforten für die Öffentlichkeit, etwa zur Ausstellung „Kunst und Schmuck" oder zum „Kunstsalon".

Prinz-Carl-Anlage 19, 67547 Worms
www.atelierblau.com
ÖPNV: Bus 407, 430. 434, Station Prinz-Carl-Anlage

69

Heiraten – oder lieber eine KunstPause?

Das Museum Heylshof

Im fürstlichen Ambiente des Museums Heylshof kann man sich standesamtlich unterm Kronleuchter trauen lassen. Die exquisiten Kunstwerke der ehemals privaten Kunstsammlung – unter Kenner*innen eine der bedeutendsten Europas – und das charmante Ambiente überzeugen schon bei einer normalen Besichtigung. Durch die Sprossenfenster dringt warmes Licht in das Rokoko-Eckzimmer rechts vom Eingang. Kunstinteressierte, viele davon Stammgäste, treffen sich jeden Mittwochmittag von 14 bis 15 Uhr, eine Stunde vor der offiziellen Museumsöffnung, zur KUNSTPAUSE. Im Rokoko-Zimmer sind besonders viele Gemälde zum Thema Liebe gesammelt. Kunsthistorikerin und Vorsitzende des Heylshof-Fördervereins Maria Storf-Felden führt die Gruppe jedes Mal zu einem anderen Gemälde oder einer Objektgruppe, erklärt und fragt die Betrachter*innen nach ihren Eindrücken. Bei den Gemälden AMOR UND PSYCHE sowie VENUS UND AMOR gilt es genau hinzuschauen. Venus symbolisiert als Taube die „reine" Liebe, Amor mit dem Bogen trifft die Menschen offensiv, unvorbereitet. Und schließlich wäre da Cupido, die Begierde, das Kind der amour fou zwischen Amor und Psyche – sehr sinnreich! Angeregt werden die Gespräche im Anschluss bei einer Tasse Kaffee oder Tee fortgesetzt. Der Eintritt gilt auch für die übrige Ausstellung, die Werke von Rubens, Tintoretto, Böcklin und viele Exemplare der niederländischen Malerei des 17. Jahrhunderts enthält. Ergänzt wird sie durch Gläser und Porzellane sowie wechselnde Ausstellungen in den unteren Räumen.

Am Anfang dieser Sammlung stand ebenfalls die Liebe. Lederbaron Cornelius von Heyl und seine Braut Sophie erwarben schon auf der Hochzeitsreise Kunst. Stück für Stück bauten sie die Sammlung auf, die die Familie später der Stadt vermachte. Auch Veranstaltungen wie die HEYLSHOFMATINÉEN oder der NACHMITTAG BEI SOPHIE laden zu einem Besuch des Museums ein. Und zur Premiere der Nibelungenfestspiele führt der Rote Teppich mitten durch das Museum in den Heylshofpark (s. S. 206).

Stephansgasse 9, 67547 Worms
https://heylshof.de
ÖPNV: Bus 401, 402, 430, 434, Station Marktplatz

70

Das Lied ist der Schatz
Der Nibelungenlied-Brunnen

Der entschieden pazifistische Künstler Gustav Nonnenmacher (1914-2012) war Wahlwormser. Als er sich 1951 in die Geschichte und Geschichten dieser Stadt verliebte, hatte er eine abenteuerliche Jugend als Heimkind, Holzbildhauer und Flieger im Zweiten Weltkrieg hinter sich. In der Innenstadt prägen allein drei seiner kunstvollen Metallschmiedebrunnen das Stadtbild. Im Herzen der Einkaufsmeile in der Fußgängerzone Kämmererstraße ist es der WINZERBRUNNEN, der sich vor der Weintradition der Stadt und ihrer rheinhessischen Umgebung verneigt. Das SCHICKSALSRAD am Obermarkt, das sich langsam gegen den Uhrzeigersinn dreht, wird von Gästeführer*innen gern zur Illustration wichtiger Momente der Wormser Geschichte aufgesucht. Und in der Fußgängerzone „KW" (Wilhelm-Leuschner-Straße) illustriert Nonnenmachers letztes großes Werk, der NIBELUNGENLIED-BRUNNEN von 2003, den Weg vom Betrug an Brunhild über den Königinnenstreit bis zur Ermordung Siegfrieds. Kunstvoll werden die Figuren von Blättern mit modern formulierten Passagen aus dem Nibelungenlied umrankt, das in Worms mittlerweile als der eigentliche Nibelungenschatz angesehen wird.

Brunnen ziehen die Menschen mehr an als reine Denkmäler. Man erfrischt sich, bleibt auf einer Bank davor sitzen und betrachtet das Werk. Natürlich ist das bei weitem nicht das Einzige, was der Bildhauer in Worms hinterlassen hat. Zu nennen wären mindestens noch das neugestaltete Kaiserbild mit Inschrift am Dom-Nordportal, Kunst im öffentlichen Raum wie das gespaltene Lutherkreuz, der Lutherbaum (s. S. 178) und sein Knoten-Grabmal auf der Hochheimer Höhe. Nicht selten sorgte der Künstler auch selbst für die Finanzierung seiner Arbeiten über Sponsor*innen oder Verkaufserlöse. 1989 erhielt er das Bundesverdienstkreuz am Bande, 1992 die Verdienstmedaille der Stadt Worms und 2002 die Ehrenbürgerschaft des Stadtteils Hochheim, in dem er lebte. Ihm zu Ehren wurde 2017 der Platz in der Nähe seines Hauses nach ihm benannt und mit einer von seiner Tochter geschaffenen Gedenkstele versehen. Den Nachlass hütet heute das Stadtarchiv.

Wilhelm-Leuschner-Straße 17, 67547 Worms
ÖPNV: Bus 407, 410, 431 Station Kriemhildenstraße

Neue Wanderfalken-Familie
Wohnen in der Domturm-Mansarde

71

Domfalke Peter Joseph könnte viel erzählen. Das tausendjährige Domjubiläum 2018 überstand er mit seiner Familie bis Pfingsten unbeschadet. Neue Glocken (s. S. 66) zogen hoch oben in den Nordostturm ein, in dem seit 2006 auch ein Falkenhorst mit Webcam in 50 Metern Höhe liegt. Doch da die Glocken durchs Stockwerk der Falken gehievt werden mussten, zog der Horst samt mehrerer Webcams hoch ins „Mansardenfenster". Schon in früheren Jahren hatten die Wormser Falken eine bewegte Geschichte. 2013-15 wurde „ihr" Turm für die Sanierung eingehüllt, doch das Ersatzquartier auf der Dreifaltigkeitskirche hatten sie nicht angenommen.

Im Frühjahr 2018 nun waren drei weißflaumige Küken geschlüpft. Noch während des großen Domgeläuts zu Pfingsten ließ die Webcam im domnahen Ofengeschäft am Neumarkt Leben im Horst erkennen. Leider hatten die jungen Untermieter die Kamera verschmiert, so konnten die Falkenfans aus aller Welt per Smartphone oder Computer nicht genau erkennen, wann die Katastrophe eintrat. Noch an Pfingsten regte sich nichts mehr im Horst. Erst nach den Feiertagen konnten Tierschützer des NABU hinaufklettern und nur noch drei tote Jungvögel, das Weibchen und eine vergiftete Taube sicherstellen, die das Weibchen zu rupfen begonnen hatte. Die Polizei wurde eingeschaltet, Zeugenaufrufe ergingen an die Öffentlichkeit; bis heute läuft die Fahndung. Falkenpapa Peter Joseph hatte überlebt. Im Februar 2019 wurde er wieder auf dem Turm gesichtet. Im März hatte er eine neue Partnerin, Gudrun, angelockt, und schon bald lagen drei neue Eier im Nest. Aus zweien davon schlüpften Küken, ein männliches und ein weibliches. Die ganze Falken-Fangemeinde nahm Anteil, als beide Ende Mai flügge wurden. Auch über den Winter sind Peter Joseph und Gudrun im Horst aufgetaucht. Ab März warten die Fans wieder auf eine neue Generation der geschützten Tierart, die zu einem ehrwürdigen Dom einfach dazugehört.

Dem Falkenmörder droht übrigens ein Bußgeld von mindestens 2.500 Euro.

Dom Nordportal / Neumarkt, 67547 Worms
https://www.worms.de/de/service/webcams/webcam-wanderfalken-infos.php
ÖPNV: Bus 401, 402,430. 434 Station Marktplatz

Ein Paradies für Retro-Fans
Café und Trödelladen
ALTE HERRLICHKEIT

72

Am Anfang stand der Entrümpelungsservice TRÖDELTRUPP WORMS von Silke und ihrem Mann Brion Schulz mit Haushaltsauflösungen, Entrümpelung und Entsorgung. Kleine Kostbarkeiten, die dabei zutage kamen, Antikes, Vintage- und Designobjekte landen in Silkes Antiquitätengeschäft am Karlsplatz. Die Kundschaft besteht aus design-affinen Menschen mit einer Vorliebe für Jugendstil, Bauhaus oder die 70er-Jahre. „Gerade jungen Menschen ist oft wichtig, bei der Wohnungseinrichtung Zeichen gegen die Wegwerfgesellschaft zu setzen", erzählt die Inhaberin. Also sortiert sie die Objekte streng nach dem Besonderen, nach Kunst und Antikem aus den 50er-, 60er- und 70er-Jahren. Denn im Verkaufsraum ist nur wenig Platz. Manche Rarität kauft sie auch zu. Der Blick gleitet im Lädchen über Gipsbüsten, Jugendstil-Lampenschirme, Lampen und Dekoartikel, Gläser in allen Variationen und alte Bücher über Worms. Doch allein von Laufkundschaft könnte sie nicht leben. Einen großen Anteil nehmen Online-Verkäufe ein. Bis nach Tokyo und Australien verschickt sie die Herrlichkeiten; oft übersteigen dabei die Transportkosten den Wert der Ware. Doch Retro ist in wie nie: „Viele brechen in Begeisterung aus, manche auch in Tränen, wenn sie all die Dinge, etwa auch Spielsachen wie alte Mainzelmännchen, sehen, die sie an früher erinnern", erzählt Frau Schulz.

Als 2017 die angrenzenden Ladenräume frei wurden, eröffnete sie dort das Café ALTE HERRLICHKEIT mit Kronleuchter, Opasesseln und Omas Goldrandtellern: eine sinnvolle Symbiose. Man verabredet sich zum Stöbern und trinkt noch ein Käffchen mit hausgemachtem Kuchen. Draußen auf den altmodischen Bistrostühlen sitzen im Sommer Schüler*innen, Student*innen, junge Mütter, Freundinnenpaare und Senior*innen. In der hauseigenen Küche wird gebacken, Frühstück oder der täglich frische Mittagstisch zubereitet. Sonntags ist Tortentag. Ein Renner sind die selbstgemachten Quiches, etwa die Kürbisquiche. Und freies WiFi, vegane Speisen oder Coffee to Go werden hoch geschätzt.

Friedrich-Ebert-Str. 50, 67549 Worms
https://alte-herrlichkeit-cafe-milchbar.business.site
ÖPNV: Bus 405, 498, Station Karlsplatz

73

Liebe fürs Runde
Die SCHEMBS-VÖGEL

Überall in Worms sitzen sie, auf dem Boden; auf Stangen und Erhöhungen: Vögel aus Metall, im Wormser Volksmund längst SCHEMBS-VÖGEL getauft. Zuerst sieht man einen und denkt sich: „Was macht der denn hier?" Kein Schild weist auf Künstler oder Werk hin. Also geht man weiter und findet den zweiten. Spätestens beim dritten bekommt man Lust auf eine Vogel-Rallye: Wer oder was steckt denn nun dahinter?

Ein Wormser Künstler und Metallbildhauer namens Eckhard Schembs, geboren 1955, der nach einer Schlosserlehre begann, Vögel und andere Figuren aus Metall- und Schrottteilen zu schweißen. Seine Vögel haben etwas Krähenhaftes, einige Schnäbel sind mit Gold überzogen. Neben dem Traum vom Fliegenkönnen und seiner Vorliebe für Vogelfiguren gilt Schembs' Liebe offensichtlich auch runden Formen. Wohlproportionierte Frauen, Nilpferde, ein Walross in der Dose und andere sympathische Figuren strahlen mit sich zufrieden in die Welt. Der Künstler bestückte auch den Skulpturenweg Abenheim mit einer WONNE-FRAU: Der Name erübrigt eine Beschreibung, spielt aber natürlich aufs Wonnegau an. Einige Bronzefiguren stellte Schembs im November 2019 unter dem Titel „Füße aus Stahl" im Foyer des Wormser Theaters aus. Gefragt sind seine Figuren auch bei Liebhabern einer originellen Gartengestaltung und -belebung. Neben zahlreichen, auch internationalen Ausstellungen, Arbeiten im öffentlichen Raum und für Kunst am Bau zog Schembs auch Inspirationen aus seinen Reisen: „In Südamerika paddelte er mit den Affen über den Amazonas. In Asien ritt er auf Elefanten, in Australien hüpfte er mit dem Känguru um die Wette. Und in Afrika tanzte er mit wohlgeformten Frauen. In den Straßen von Ouagadougou tat er es den Bronzegießern nach: Er schuf herrliche Skulpturen!" So lauten die einfühlsamen Worte von Florentine Hein im Buch zur Ausstellung.

TIPP: *Der Skulpturenweg in Abenheim, 2016 anlässlich von „200 Jahren Rheinhessen" eröffnet, enthält auf sechs Kilometern Länge Werke von 16 Künstlern auf ehemaligen Hochständen für die Wingertschützen. Der Rundgang lässt sich von der Ostergasse (Nähe Bonifaziuskirche) oder der Wonnegaustraße (Nähe Klausenberg, s. S. 76) starten.*

Schembsvögel z.B. Sterngasse (Altstadt), 67547 Worms
www.eckhard-schembs.de
ÖPNV: Bus 431, Station Berliner Ring

74

Und täglich grüßt ein Drachentier

Wormser Drachengeschichten

Sie tragen Namen wie Wodra oder THESAURUS und sprechen Sätze wie „Bitte nicht auf mir reiten". Und sie springen nicht nur Kindern als moderne Sehenswürdigkeit sofort ins Auge – vor Geschäften, am Rheinufer, an der Stadtmauer (Foto), am Lutherplatz. Nun ist Worms ja an Drachendarstellungen nicht arm, ob im Stadtwappen, am Dom, auf zahlreichen Brunnen oder als Einzeldenkmal. Doch diese steinernen Drachen sind weit weniger auffällig als die bunten Kunststoffmonster. Die Siegfriedstadt Worms liebt Drachen.

Wie aber kamen die bunten Drachen nach Worms? Entworfen wurden sie im Rahmen eines Schülerwettbewerbs. Die Ergebnisse wurden auf mögliche Gießbarkeit in 3D, auf Statik, Transportierbarkeit und variierbare farbliche Ausgestaltung weiter ausgefeilt. Der letzte Schliff war eine „nibelungische" Ausstrahlung in Mimik und Körperhaltung, denn weder sollten sie Tabaluga-artig noch Comic-mäßig dreinblicken. Jeder kann sich seinen eigenen Drachen bestellen und ausgestalten, ob Firma, Institut oder Privatperson. Seit 2007 ist dies vielfach geschehen, die Lindwürmer kriechen die Nibelungenstraße bis weit in den Odenwald hinauf, bis nach Lindenfels. Eine Firma in Hannover wurde mit der Gießung in glasverstärktem Polyester beauftragt. Die Drachenherrchen und -frauchen unterstützen damit die Aktion DRACHENACTIVITY der regionalen Lionsclubs der Stadt Worms und des Kreises Bergstraße, die der Notfallseelsorge zugutekommt. Wind, Wetter und vielleicht auch das Tätscheln der Mitmenschen haben den 30 Kilo schweren Ungeheuern teilweise zugesetzt. Sie setzen Patina an, werden Teil der Stadtgeschichte.

Übrigens erfand das Stadtmarketing für einige Jahre sogar einen Drachenpalio, in dem die einzelnen Stadtteile gegeneinander antraten. Je eine Gruppe kräftiger junger Männer, häufig in Sportvereinen trainiert, trug im Wettlauf eine liebevoll gebastelte Kreatur aus Pappmaché durch die Innenstadt. Mit dem Fortgang des Erfinders starb diese junge Tradition schnell wieder. Drachen werden in Worms zwar geliebt. Aber nicht alle überleben lange.

z.B. vor „Burger Kitchen" (wechselnd bemalt), vor Ludwigstraße 27, 67547 Worms
ÖPNV: Bus 409, 410, Station Mathildenplatz

75

Philosophieren auf der Landspitze

Der Floßhafen

An der Endstation der Buslinie 410 geht es direkt auf die rheinumspülte Landspitze am Floßhafen, ein Treffpunkt für Wassersportler*innen und eine beliebte Jogging- und Walking-Strecke mit direkter Anbindung an Wäldchen (s. S. 168) und Rheindamm. An zwei Seiten ist man auf der schmalen Halbinsel von Wasser umgeben. Auf dem Weg am Rhein entlang grüßen schwere Lastschiffe, viele aus den Beneluxländern oder der Schweiz. Sie transportieren Kies, Alteisen, Kohle oder Gas. Ziel ist oftmals der Mannheimer Hafen, Deutschlands zweitgrößter Binnenhafen. So kommt es, dass bei Worms der Schifffahrtsverkehr noch weit lebhafter ist als bei Speyer 50 Kilometer stromaufwärts.

Hat man den Salzstein („Salzstää"), die Vereinsheime, Gaststätten und den kleinen Campingplatz passiert, weitet sich der Blick vom großen Rhein aus nach links in das von der Halbinsel umschlossene Becken des Floßhafens. Unter der Woche kann man den Kränen beim Verladen von Sand, Kies und Schüttgut oder dem mittlerweile automatisierten Anlegen großer Lastschiffe zuschauen, ab und zu sind Rufe von dort zu vernehmen. Direkt gegenüber der Landspitze erhascht der Blick den kleinen bunten Lotsenhafen vor dem Motel-Restaurant ALTES RUDERHAUS. Es wirkt so nah von hier, aber direkt durchs Hafengelände gelangt man nicht dorthin – dort wird ja gearbeitet. Weiter kommen die Nibelungenbrücken und das hessische, unbebaute Rheinufer in den Blick, das sich romantisch bis zum Naturschutzgebiet BIEDENSAND hinstreckt.

TIPP: *Wem die Betrachtung von der Bank hier an der Spitze aus nicht sportlich genug ist, der kann seinen Weg noch Kilometer lang am linken Rheinufer fortsetzen. Pappelalleen, Auwiesen und ein allzeit frisches Lüftchen führen tiefer hinein in die Natur, bis man nach einem ausgiebigen Spaziergang über das Wegenetz in Richtung Bürgerweide, Tierpark und Wäldchen wieder vor den Toren der Stadt landet.*

ÖPNV: Bus 410 Endstation Am Salzstein

76

Hafenrundfahrt auf Raten
Der Wormser Hafen

Eigentlich ist er 20 Kilometer lang, der Wormser Hafen, und genauso lang ist auch die hier entlangführende Schienenstrecke. Doch da das Gelände nicht überall zugänglich ist, können nur die Güterwaggons eine zusammenhängende „Große Hafenrundfahrt" in Worms durchlaufen. Besucher*innen können immer nur einzelne Stellen sehen, doch das ist nicht uninteressant. Am südlichsten liegt der Floßhafen (Rheinkilometer 442, s. S. 158), wo für Spaziergänger*innen häufig das Anlegen und Löschen von Kies und Erden mit eindrucksvollen Kränen zu beobachten ist. Am Wochenende, wenn kein Betrieb herrscht, durchqueren auch Fußgänger*innen auf eigene Gefahr die Anlagen. Ein weiters Hafengebiet mit mehreren Schleppschiffen schließt sich vor dem ALTEN RUDERHAUS an. Neben Strandbar (Km 443, s. S. 164) und Bitumina-Gelände ist ein weiteres Stück Hafen für Spaziergänger*innen sichtbar, auch wenn seit einigen Jahren Gitter den Zutritt verhindern. Oft sieht man hier Bitumenschiffe vor Anker liegen. Oder am Ufer rollt gerade einer der langsamen, endlos langen Güterzüge vorbei. Weiter geht es für Hafen-Fans auf Höhe der Hafenstraße in Worms-Nord mit einer Hafentankstelle (Km 447) voller Industrieromantik. Schließlich endet der Hafen im Werksgelände der Röhm GmbH (Km 449). Dieses ist leider nur Mitarbeiter*innen und Besucher*innen des Spezialchemie-Unternehmens zugänglich, das nach langer Zeit als EVONIK INDUSTRIES nun wieder RÖHM heißt.

An allen vier Standorten kommt das Hafengebiet, von der Hafenbetriebe Worms GmbH verwaltet, auf eine Gesamtfläche von 265.000 qm. Im Juli 2019 liefen insgesamt 20 Frachtschiffe die Stadt an; 54.335 Tonnen Güter verließen Worms und 69.555 wurden zu Wasser angeliefert: chemische, land- und forstwirtschaftliche Erzeugnisse, Steine und Erden, Düngemittel, Fahrzeuge und Maschinen, Eisen und Stahl, feste mineralische Brennstoffe, sowie Nahrungs- und Futtermittel, Erdöl und Mineralölerzeugnisse. Das kommerzielle Angebot einer Hafenrundfahrt existiert in Worms zwar (noch) nicht, doch für Blicke und Fotomotive mit Hafenromantik eignen sich besonders der Winterhafen (s. S. 162) und der Schlepperhafen vor dem ALTEN RUDERHAUS.

TIPP: *Im Motel am ALTEN RUDERHAUS wacht man morgens gleich mit Hafenblick auf.*

Floßhafenstraße 7, 67547 Worms
https://www.altes-ruderhaus.de
ÖPNV: Bus 410, Station Naturfreundehaus

77

Von Jachten und einem gesunkenen Badefloß

Der Winterhafen

Den größten Teil seiner langen Geschichte war Worms mit dem anderen Rheinufer nur durch Fähren und Schiffs- oder Floßbrücke verbunden. Erst 1897 wurde die erste feste Brücke gebaut und 1900 eingeweiht. Schon vorher, nämlich 1856 baute man dort, wo heute die Pfeiler der Nibelungenbrücke stehen, einen befestigten Stromhafen mit Lagerschuppen. Dieser sollte das Anlegen leichter machen und den Flößen Schutz im Winter bieten, daher auch die Bezeichnung Winterhafen. Das heute verbliebene kleine Becken diente zum Schutz der Schiffsbrücke, der Vorgängerkonstruktion zur steinernen Brücke, bei Hochwasser oder Eisgang. Die Schiffsbrücke oder auch Pontonbrücke bestand aus einer Reihe von Booten mit einer Art Brückenfahrbahn und wurde 1855 eingeweiht. Von 1890 bis 1893 errichtete die Stadt Worms zwei weitere Hafenbecken, den Floßhafen (s. S. 158) im Süden und den Handelshafen im Norden des heutigen Winterhafens.

Eine tragische Geschichte erlitt hier das von den Wormser*innen geliebte Badefloß FÜRST. Bis 1983 war es am Rhein vertäut; Generationen von Wormser*innen lernten dort im Rhein schwimmen. Als eine der letzten solcher Anlagen zwischen Basel und Rotterdam war es denkmalgeschützt. Zunächst in ein Café umgewandelt, wurde das Floß 2008 in den Winterhafen verlegt, saniert und als Restaurant mit Gourmet-Anspruch neu eröffnet. Doch zu Silvester 2010/2011 trat die Festgesellschaft zum Feuerwerk auf eine Seite und brachte das Floß zum Kippen. Es sank nicht tief und es gab nur Leichtverletzte, doch die Bausubstanz ließ sich nicht retten. Als Nachfolgerin lag hier später das Shisha-Bar-Schiff TITANIC: ein Schelm, wer Böses dabei denkt! Heute ist das Gelände eine Privatmarina. Von hier ist man in 15 Minuten zu Fuß in der Altstadt. In Ufernähe gibt es Leihfahrräder, Gastronomie und Übernachtungsmöglichkeiten.

Floßhafenstraße 7, 67547 Worms
https://www.winterhafen-worms.de
ÖPNV: Bus 410, Station Rheinpromenade

78

Karibik am Rhein
Die STRANDBAR 443

Tropennächte am urdeutschen Vater Rhein lassen sich am besten in der STRANDBAR 443 auf einer Strandliege oder in der Hollywoodschaukel mit einem Cocktail in der Hand genießen. Aus den Lautsprechern ertönen Latinorhythmen, Café del Mar oder Santana. Auf der großzügigen Sandfläche tummeln sich Palmen, Gips-Buddhas, Strandfahnen und Basthütten. Das jedes Jahr leicht veränderte Outdoor-Mobiliar bietet alles von der Sonnenliege bis zu Strandkorb und Pärchenschaukel und könnte genauso gut ein Resort auf Bali oder Kuba schmücken. Der Rhein wird in den Sommernächten, vor allem im Mondschein, zum Ozean der Urlaubsträume. Grill-, Burger- und andere Gerichte oder auch einfach nur Chips werden zum Drink an die Liege gebracht. Die Schlange vor der Cocktailbar ist besonders lang. Hier gibt es alles, was man schon immer mal probieren wollte, zum vernünftigen, auch für Student*innen erschwinglichen Preis: ob INDIAN SUMMER, ZOMBIE oder THE LAST SHUTTLE oder auch die nichtalkoholischen Varianten. Die geniale Lage und Atmosphäre der Strandbar haben sich herumgesprochen. Auf den Liegen drehen sich die Gespräche um Mensaessen in Kaiserslautern, Kino in Frankenthal oder das Nachtleben in Mannheim.

Chillout-Sommernächte mit den Zehen im Sand und buddelnden Kindern vor der Rheinkulisse mit ihren vorbeischnaufenden Pötten sind aber nicht alles, was hier geboten wird. Salsanächte, WEINSTRAND, Discoabende zu den 80er- und 90er-Jahren, Mallorca- oder Ibiza-Party, JUST WHITE, Afterwork oder Live-Übertragungen in WM-Jahren setzen Ausrufezeichen im Sommerkalender. Wen es später etwas fröstelt, der bekommt eine Decke für die Liege. Bei ungemütlicher Kälte und Regen bleibt das Paradies aber ganz geschlossen.

Und woher leitet sich nun die kryptische „443" im Namen ab? Richtig, von der Lage! Die Strand- und Cocktailbar liegt am Rheinkilometer 443, gezählt von der Quelle.

TIPP: *Hinter der Strandbar findet sich mit dem Wohnwagenstellplatz eine unschlagbar günstige Übernachtungsmöglichkeit in Rheinnähe.*

Am Rhein 9, 67547 Worms
www.strandbar443-worms.de
ÖPNV: Bus 410 Rheinpromenade

79

Neugeboren wieder aufgeblüht

Der Albert-Schulte-Park

Wer rechts von Wormser Bahnhof und Busbahnhof einen Spring-brunnen und Parkbänke sieht und sich hineinziehen lässt in eine großzügige Grünfläche unter Platanen, mit gepflegten Wegen, Statuen und Exotenbäumen, kommt nicht auf die Idee, durch einen ehemals „verruchten" Ort zu spazieren. Angelegt in den 1840er-Jahren als Friedhof, wurden hier zunächst die Häupter einflussreicher Wormser Familien wie die der Lederbarone Doerr und Reinhart zur letzten Ruhe gebettet. Deren Grabsteine und eine neugotische Kapelle mit hohem Spitzturm sind bis heute erhalten. Andere Denkmäler kamen hinzu, sodass der Park auch schon scherzhaft als „Abstellort für Denkmäler" bezeichnet wur-de. Ein Meilenstein für die Entwicklung des Parks, der lange ei-nen üblen Ruf als Drogentreff genoss, war die „Trockenlegung" der Dealerszene mit anschließenden regelmäßigen Kontrollen. Parallel dazu wurde er gärtnerisch liebevoll aufgewertet. Benannt ist der Park übrigens nach einem von den Nazis verdrängten Wormser Bürgermeister (bis 1932) und ehemaligen Mitglied des Arbeiter- und Soldatenrats von 1918. Später war Albert Schulte SPD-Landrat.

Immer wenn man denkt, man kennt Worms, kann man unverhoff-te Details entdecken, auch hier. Da ist etwa der pompöse Römer-helm auf dem Grabstein von Georg Johann Freiherr Schäffer von Bernstein. Der Sohn eines Metzgers aus Rotenburg an der Fulda schaffte es zum Generalleutnant und Chef des Hessen-Darm-städtischen Regiments „Groß- und Erbprinz". 1808 führte er die hessischen Truppen an der Seite Napoleons nach Spanien; 1838 ist er in Worms verstorben. Ein weiteres Fundstück ist ein Baum-stumpf, der durch liebevolle Künstlerhand zu neuem Leben er-weckt wurde.

TIPP: *Für alle, denen Liebe unter die Haut geht: An der Gaustraße rechts vom Park liegt das überregional renommierte Piercingstudio* Jojos Piercing-Ink-Cooperation. *Sogar Eltern von Teenagern ver-trauen ihm.*

Am Bahnhof, 67547 Worms
ÖPNV: Alle Buslinien, Station Hauptbahnhof

80

Jimi Blue und ein grandioses SPECTACULUM
Der Stadtpark „Wäldchen"

Groß war die Begeisterung, als bekannt wurde, dass Mädchenschwarm Jimi Blue Ochsenknecht 2018 bei den Wormser Nibelungenfestspielen mitspielen würde. Sein gesamter Aufenthalt wurde von den Medien interessiert begleitet. Der als Kinderstar aus DIE WILDEN KERLE bekannte Sohn des Schauspielers Uwe Ochsenknecht sieht nicht nur gut aus, sondern entpuppte sich als charmanter junger Mann, der ohne Allüren oder Herablassung auch mal ein vor Glück weinendes Mädel in den Arm nahm. Im Probensommer in Worms führte er wie viele Wormser*innen seinen Hund im Wäldchen Gassi und kam auf die Idee, der Stadt etwas Gutes zu tun. Zwei Parkbänke spendete er, von denen aus sich das Rund der weiten Wiese wunderbar betrachten lässt.

Der beliebte, 1904 als Englischer Landschaftsgarten angelegte Stadtpark am Südrand von Worms wird jedes Jahr im Frühsommer außerdem Schauplatz einer Abenteuer-Zeitreise durch 1.000 Jahre Mittelalter. Das SPECTACULUM entfacht die Fantasie von Mittelalterfans aus ganz Deutschland. Jungfer wie Junker tauschen derbe Flirtsprüche und „Silberlinge" für Speis' und Trank aus. Für die richtige Gewandung und Leibeszier sorgt eine ganze Zeltstadt von „Krämern". Sie alle werden hochmodern gemanagt von einem Team, das sich – ebenso wie Toiletten, Abfalleimer und andere schnöde Notwendigkeiten – rücksichtsvoll hinter Holz, Webstoffen und Co. verbirgt. Wer sein Herz ans Mittelalter verloren hat, macht mit im Netzwerk Lebendiges Mittelalter. Rund ums SPECTACULUM haben sich ansässige Künstlergruppen gebildet, etwa Borbetomagus, die schon mehrere CDs herausgebracht haben und bei keinem SPECTACULUM fehlen, oder auch das Duo Wormez (s. S. 46). Ein Kindsvogt, Märchenerzähler, Tempelritterlager, Teehaus sowie Handwerksstuben und vieles mehr tauchen Worms in mittelalterliches Flair. Unvergessen bleibt der Blick am Abend vom ehemaligen Schuttberg „Äschebuckel" über das Fackelmeer und die Zeltlager. Und quasi als Gute-Nacht-Gruß gibt es professionelle Feuershows.

TIPP: *Beim ersten Schneefall trifft sich „Jung-Worms" zum Rodeln am verschneiten Äschebuckel.*

Friedrichsweg, 67547 Worms
ÖPNV: Ruftaxi; Bus 410 Station Salzstein, ca. 20 Minuten zu Fuß über den Hammelsdamm.

Adebars Rückkehr

Der Storchenturm in Herrnsheim

81

Neben dem Schlosspark Herrnsheim steht im angrenzenden Sportplatzpark ein neugotischer Turm in der Nähe der Reste der spätmittelalterlichen Ortsbefestigung. Darauf thront ein großes Storchennest. Der Storchenturm, ebenso wie der Schillerturm ein Teil der alten Ortsbefestigung, ist ein Wahrzeichen Herrnsheims. Über eine Steintreppe kommt man von hier auf die Herrnsheimer Hauptstraße. Ehemals war dieser Park ebenfalls Teil des Herrnsheimer Schlossparks. Heute befinden sich hier zwei parkartige Spielplätze für Kinder jeden Alters. Zinnen und Helm wurden dem Turm erst nachträglich verpasst, um ihn für die Schlossherrschaften romantisch „aufzumotzen". Zweimal wurde der Storchenturm in den letzten Jahren renoviert. Innen können kleine Veranstaltungen stattfinden. Ein schöner Blick über den Ortsteil Herrnsheim bietet sich vom Zinnengang aus.

2018 wurde erstmals wieder eine Storchenfamilie auf dem lange verwaisten Storchenturm gesichtet. Der Turm ist so hoch, dass die Vögel nur dann sichtbar werden, wenn sie stehen. Hier gibt es (noch) keine Webcam. Vor allem vom Weg gegenüber dem Turm aus lassen sich die Jungvögel beobachten. Seit 1950 war das Nest auf dem Storchenturm verwaist. An Versuchen der Wiederansiedlung durch Vogelfreund*innen fehlte es nicht. Ein neues Holzrad wurde montiert und später instandgesetzt. Im Schlosspark wurde ein zweiter Storchenmast errichtet. Lockstörche und ein neuer, witterungsbeständiger Nesthalter samt Nistkorb, den Paul Hinkel aus Hamm geflochten hatte, führten schließlich zum Erfolg: 2017 schaute erstmals ein Storchenpaar vorbei, es kam jedoch nicht zur Brut. Erst 2018 wurde eine komplette Storchenfamilie gesichtet.

TIPP: *Gerade über die Straße lohnt ein Abstecher zum alten Herrnsheimer Friedhof mit Blick auf die Herrnsheimer Weinlagen. Wen es auf die Rebenhügel zieht, der kommt, immer parallel zur Straße Richtung Abenheim, an einem schmucken Wingertshäuschen vorbei.*

Mennonitenhofgasse 8a, 67550 Worms
ÖPNV: Bus 407, 417, Station Park; Bus 434 Station Höhenstraße

82

„Ergötzliches" Worms
Der Dichter Nikolaus Götz und die Liebe

„Mein Worms ergötzt mich schon von ferne", schrieb der Dichter Johann Nikolaus Götz im 18. Jahrhundert, dem im Heylshofpark ein Denkmal gewidmet ist, voll Wiedersehensfreude. Er wurde 1721 in einem evangelischen Pfarrhaus in Worms geboren, wo er das damals einzige (humanistische) Gymnasium besuchte, studierte in Halle Philosophie und Theologie und wurde schon zu Studienzeiten dichterisch tätig. Nach Positionen in Emden und seiner Rückkehr nach Worms verschlug es ihn nach Lothringen, Zweibrücken und Winterburg bei Bad Kreuznach, wo er 1781 im Alter von 61 Jahren an einem Schlaganfall starb. Sein Ehe- und Familienleben soll glücklich gewesen sein. Er hatte hohe Positionen inne: Schlossprediger, Hofmeister, Oberpfarrer, Oberkonsistorialrat und Superintendent. Dennoch ist sein Werk voll verhaltener Melancholie. Seine melodiösen Verse berührten oft das Thema Liebe, wie es dem Zeitgeist des Rokoko entsprach. Hier eine Kostprobe:

> *Die wahre Liebe*
> *Auf einer alten Mauer saßen*
> *Zwei junge treue Turteltauben,*
> *Die, voll von innerlicher Liebe,*
> *Die Augen auf einander wandten,*
> *Und dann und wann die Flügel zuckten.*

> *Ein Sperling auf dem nächsten Dache*
> *Voll buhlerischer Brunst und Schalkheit,*
> *Hieß dieses Paars verliebte Ruhe,*
> *Frost, Schläfrigkeit und Unvermögen.*

> *Da sprach der Täuber, doch mit Sanftmut:*
> *Sprich nicht so schlimm von unsrer Liebe.*
> *Horch! deine junge Gattin seufzet.*
> *Sie heißt dich einen Ungetreuen.*

> *Sie, die du gestern erst geehlicht,*
> *Wird heute schon von dir verlassen!*
> *Du liebtest freilich stark und feurig:*
> *Wir lieben sittsam, aber ewig.*

Heylshofpark, Denkmal für Nikolaus Götz, Stephansgasse 9, 67547 Worms – https://heylshof.de – ÖPNV: Bus 401, 402, 430, 434 Station Marktplatz

83

Idylle
für Entdecker*innen
Der Majorshofpark

Wie sehr die letzten hundert Jahre das Gesicht ihrer Stadt verändert haben, muss besonders die Grande Dame von Worms, Marie-Elisabeth Klee, empfunden haben. In den 20er-Jahren des letzten Jahrhunderts wuchs sie in der Stadtvilla der Lederindustriellenfamilie von Heyl mit fünf Geschwistern auf, im sogenannten Majorshof. Wie oft mag sie im Schatten des Parks gespielt, geträumt oder gelesen haben? Es war eine Kindheit mit dem Dom im Blick, für die streng protestantisch erzogene Dame immer ein „Symbol des Bleibenden auf Erden". Wie wichtig sind solche Symbole! Denn von der Villa ist nach der Zerstörung 1945 und dem Abriss nur noch der Park geblieben. Die Familie verkaufte das Gelände an die Sparkasse, die hier ihre Geschäftsstelle errichtete. Eine Auflage lautete jedoch, einen Teil des Parks auch künftig der Öffentlichkeit zugänglich zu machen; eine Stele im Park erinnert daran. Trotz Baustelle ist dies so geblieben: Rechts vom Gebäude führt eine unverschlossene Pforte in ein oft übersehenes Stück Parkgrün. Hier bieten sich ungewohnte Perspektiven auf die Kriemhildenstraße oder die Möglichkeit zu einem schattigen Mittagsspaziergang in der Stadt.

2018 ist Frau Klee, lange CDU-Bundestagsabgeordnete und UNICEF-Vorsitzende Deutschland, 95-jährig verstorben. Ihr Vater war noch Betriebsleiter der Lederwerke Heyl-Liebenau und Stadtrat, ihre Mutter stammte aus brandenburgischem Adel. Frau Klee selbst zog es in die Welt hinaus. Sie heiratete den Diplomaten Eugen Klee und lebte mit ihm in Mittelamerika. Nach seinem und ihres Vaters Tod wurde sie selbst Politikerin und förderte das Kulturleben in ihrer Heimatstadt, an der sie sehr hing.

Warum die Villa Majorshof hieß? Ursprünglich hatte sie Klees Onkel Maximilian Heyl erbaut und den Garten von Heinrich Siesmayer gestalten lassen, der auch den Frankfurter Palmengarten anlegte. Dieser Onkel hatte sich im 1870er-Krieg den Grad eines Majors erworben. Aber wer denkt schon an all das, wenn er heute bei der Sparkasse Kontoauszüge holt?

TIPP: *Vom Café DOMBLICK rechts im Sparkassengebäude genießt man vor allem im Herbst einen herrlichen Blick auf den Dom.*

Lutherring 15, 67547 Worms
Bus 410, 431, 644, Station Kriemhildenstraße

84

Heiliger Sand
Geschichten voller Leben

Den Wettlauf um den Titel „älteste Stadt Deutschlands" mag Worms nicht endgültig für sich entschieden haben, da über das vorrömische, keltische Worms, „Borbetomagus", zu wenig gesichert ist. Durchgesetzt hat sich jedoch, dass Worms den ältesten erhaltenen jüdischen Friedhof Europas besitzt – und den schönsten, wenn man an die Enge Prags denkt! Von 1058 soll der älteste Grabstein stammen. Das brachten Forschungen im Rahmen der Bemühung zutage, das Wormser jüdische Erbe des Hochmittelalters („Klein Jerusalem am Rhein") als Weltkulturerbe anerkennen zu lassen, gemeinsam mit demjenigen von Mainz und Speyer (SchUM-Städte, s. S. 72). Ab 1911 wurden Jüd*innen nicht mehr auf dem Heiligen Sand, im Mittelalter noch außerhalb der Stadt gelegen, sondern auf der Hochheimer Höhe beerdigt. Wie durch ein Wunder entging der Heilige Sand der Schändung durch die Nazis.

Wundergeschichten kennt das jüdische Worms viele. Einige hat der Wormser Synagogendiener Juspa Schammes um 1670 gesammelt, darunter auch recht fantastische. Der Wille, über die Zeiten hinweg weiterzuleben, scheint auch zwischen den halb in die Natur zurück gesunkenen Steinen spürbar. Wer des Hebräischen mächtig ist, mag sich weitere Geschichten zusammenreimen. Doch auch die neueren, lateinisch beschrifteten Familiensteine haben zu erzählen: von lange überlebenden Witwen, verheirateten und doch bei den Eltern bestatteten Töchtern, von sehr langen und kurzen Lebenszeiten. Wie kein anderer ist dieser Friedhof voller Leben.

Das zeigen auch die Wünschezettel, die jüdische Tourist*innen aus aller Welt an den Gräbern bedeutender Rabbis mit Steinchen befestigen. Von der Standhaftigkeit des Judentums zeugt auch die Geschichte der bekanntesten beiden Grabsteine am Eingang. Sie gehören dem Gelehrten Rabbi Meir, der in der Haft des Rudolf von Habsburg starb und dessen sterbliche Überreste sein Schüler Alexander ben Salomon Wimpfen erst Jahre später auslöste und neben seinem eigenen Grab bestatten ließ.

TIPP: *Freitag- bis Samstagabend (Sabbat) ist der Friedhof geschlossen.*

Willy-Brandt-Ring 21, 67547 Worms
ÖPNV: Bus 404, 435, Station Hochstift

85

Viel zu erzählen
Die Luther-Ulme in Pfiffligheim

Gepflanzt zu Zeiten Luthers und heute noch sichtbar? So alt kann wohl kein Baum werden. Doch gibt es im Wormser Ortsteil Pfiffligheim mächtige Überreste einer Ulme mit neun Metern Umfang, die wohl einmal 30 Meter hoch war und womöglich wirklich so alt ist. Alt genug jedenfalls für eine Menge Legenden, die sich um sie ranken. Erst im 19. Jahnhundert begann ihr Niedergang mit einem Sturm 1870 und einem weiteren 1912, die den Riesenbaum fast zerstörten. 1949 galt er als abgestorben. Fünfzig Jahre später pflanzte man auf Initiative des lokalen Heimatvereins in der hohlen Mitte des verbleibenden Baumrests eine junge Ulme, die mittlerweile auch schon eine beträchtliche Höhe erreicht hat. Auf dem verbliebenen Stamm schnitzte der Wormser Künstler Gustav Nonnenmacher (s. S. 148) eindrucksvolle Reliefbilder, so etwa die Legende zur Entstehung des Riesenbaums. Aus einem in die Erde gesteckten Stock soll er ausgetrieben sein: Während des Reichstags hätten sich zwei Frauen über Luthers Lehre gestritten und eine von ihnen soll ihren Wanderstab in die Erde gesteckt haben mit den Worten, dass aus dem Stab ein Baum werden solle, wenn Luther Recht habe. Nun, das hatte er offensichtlich. Eine andere Variante will wissen, dass Luther selbst hier seinen Wanderstab in die Erde gesteckt habe. Und eine dritte weiß zu berichten, Luther habe auf dem Weg zum oder vom Reichstag 1521 hier Rast gemacht und gepredigt.

Wer immer sich von der Geschichte und uralten Bäumen inspirieren lässt, auch zu einem intensiven oder entspannten Gespräch, findet auf der ringsum verlaufenden Sitzbank ein einladendes Plätzchen dafür. Übrigens hat der Künstler Nonnenmacher noch weitere Kunstwerke aus dem Ulmenholz geschnitzt: sogenannte Lutherrosen. Den Erlös aus ihrem Verkauf spendete er für die Renovierung der kleinen Wormser Magnuskirche (s. S. 56) – der ersten Kirche, in der schon 1521 ein reformierter Gottesdienst nach Luthers Vorstellungen stattfand. Denn der aufrührerische Mönch hatte in Worms bereits bei seinem Erscheinen auf dem Reichstag eine große Anhängerschaft (s. S. 20).

Lutherbaumstraße 30, 67549 Worms
ÖPNV: Bus 401, 415, Station Lutherbaumstraße

86

Worms per Schiff
Perspektiven für
den (Kreuzfahrt-)Tourismus

Worms wächst in sein touristisches Potenzial hinein. Die Beher-bergungszahlen lagen im August 2019 schon acht Prozent über denjenigen des ebenfalls schon dank des Rheinland-Pfalz-Tages sehr guten Vorjahrs. Die Buchungen für Gästeführungen steigen. 2018 kamen 3,7 Millionen Besucher*innen. Bis 2021 will nun die Reederei Köln-Düsseldorfer eine weitere Anlegemöglichkeit für Flusskreuzfahrtschiffe am Wormser Rheinufer schaffen. Die Ab-schlussarbeit von Martin Menzel (Hochschule Worms, Fachbe-reich Touristik) bezifferte bereits das Potenzial der bestehenden Anlegemöglichkeiten auf 230 Schiffe pro Jahr. Mit einem weite-ren Steiger (Schiffsanlegeort) könnten bis zu hundert dazukom-men. 143 Betten bietet ein solches Kreuzfahrtschiff im Mittel. Großes Potenzial sieht auch die hochschulnahe Studie „Touris-mus 4.0", die der Stadt Worms im Mai 2019 präsentiert wurde. Zwei Drittel der Passagier*innen kommen aus den USA, der Rest aus Europa, und die Reisenden werden immer jünger. Ein Blick auf die immer häufiger am Ufer festmachenden Schweizer Kreuz-fahrtschiffe bestätigt es: Hier gönnen sich Paare mittleren Alters eine luxuriöse Tour durchs Rheintal mit maritimem Lifestyle, ein paar Tagen Entspannung und Kultur pur.

Nun kommt es darauf an, die Schiffsreisenden länger als die üb-lichen fünf bis sieben Stunden in der Stadt zu halten, etwa mit einer Weinprobe, Radtour oder Stadtführung. Derzeit sind etwa 370 Kreuzfahrtschiffe auf europäischen Flüssen unterwegs. Spä-testens 2021 wird ihnen die erweiterte Rheinpromenade ein my-thisches Willkommen bieten: Außer dem Rosengartenlabyrinth neben der Hagenstatue (s. S. 98) wird auch der Schatz an dieser Stelle nacherlebbar gemacht. Wie, wird noch nicht verraten! Nur so viel, dass mit Virtual Reality und Augmented Reality bei Pilot-projekten bereits gute Erfahrungen gemacht wurden. Für Kinder gibt es eine Stadtrallye und für alle das Stadtquiz „City&Quest". Von Worms aus bieten die Schiffe der Weißen Flotte Heidelberg im Sommer Ausflüge auf Rhein und Neckar an, auch mit Bord-programm wie Krimidinner oder Tanzparty.

Rheinufer
ÖPNV: Bus 410, Station Rheinpromenade

Cabrio für Hochzeits-gesellschaften

Das Nibelungenbähnchen

2.000 Jahre Stadtgeschichte per pedes zu erkunden, das kann sich für einige Besucher*innen schon etwas hinziehen. Wie bequem ist es, sich Worms erst einmal in Ruhe vom Sitz einer „Straßenbahn" aus anzuschauen und zugleich Erklärungen in der eigenen Muttersprache zu lauschen. Das offene Nibelungenbähnchen schottet die Insass*innen nicht ab, gestattet es, zwischendurch einen Schluck Wasser zu trinken, mit dem Gegenüber Eindrücke auszutauschen und stellt sicher, dass keiner zurückbleibt oder verloren geht.

Straßenbahnen waren früher ganz normal für die Wormser*innen: Sie fuhren durch die KW (heute Fußgängerzone Wilhelm-Leuschner-Straße), nach Neuhausen, Hochheim, Herrnsheim und Pfiffligheim. Das Ganze dauerte genau 50 Jahre, von 1906 bis 1956. Seit 2001 windet sich der moderne Nachfolger, das rotweiße Nibelungenbähnchen, durch die Straßen. Eigentlich ist es nur optisch eine Bahn, denn die beiden Wagen werden schienenlos auf verschiedenen Routen für Gruppen bis 40 Personen von einem normalen KFZ-Motor gezogen. Die Stadtführungen erfolgen, falls nicht ein eigener Guide sich per Mikrofon an die Gäste wenden möchte, in mehreren Sprachen: Deutsch, Englisch, Französisch, Hebräisch, Italienisch oder Spanisch. Durchs historische Stadtzentrum dauern sie circa eine Stunde.

Das Bähnchen kann man auch privat für Hochzeiten, runde Geburtstage oder Familienfeste bei der Touristinformation mieten. Vereine, Betriebe oder Kindergärten gehören zu den Kund*innen. Mittlerweile gibt es einen großen Bruder, den Doppeldecker-Cabriobus für Gruppen bis circa 80 Personen. Eine ganze Festgesellschaft wird im „Cabrio" vom Standesamt abgeholt und wohlbehalten – mit einer kleinen Tour durch die Sehenswürdigkeiten – in die Location gebracht, wo gefeiert wird. Eine Tour durch die Innenstadt dauert circa eine Stunde, eine Tour mit Vororten etwa zwei.

TIPP: *Zwei der beliebtesten Stationen sind das Rheinufer und der Lutherplatz.*

Kontakt über: Tourist Information Worms, Neumarkt 14, 67547 Worms
https://www.doppeldecker-worms.de
ÖPNV: Bus 402, 407, 430, 434, Station Marktplatz

Schwedische Frische
Der Silbersee bei Worms

Bis zu 27 Grad misst das Wasser in einem heißen Wormser Sommer im Silbersee, dem zweitgrößten See in Rheinland-Pfalz. Schüler*innen radeln die sieben Kilometer Luftlinie von Worms fast täglich nach der Schule hierher und genießen auch in den Ferien Strandfeeling im Freundeskreis. Strandzone und Parkplätze werden immer mehr erweitert. Wer am Strand und auf der Badewiese nicht mehr genug Platz findet, folgt dem Uferweg und campiert an einer der zahlreichen Minibuchten ganz für sich. Der Silbersee nahe der Gemeinde Bobenheim-Roxheim ist Landschaftsschutzgebiet. Deshalb ist hier auch motorisierter Wassersport verboten, doch Kanu-, Ruder-, Surfsport und Stand-up-Paddeln sind möglich. Als Segelrevier ist der 112 Hektar große Baggersee besonders beliebt, denn hier weht öfters mal eine frische Brise. Noch heute werden am See Kies und Sand abgebaut, neue Kleinseen entstehen. Das ganze Gebiet ist ein Paradies für Wasservögel. Angler*innen berichten von legendär großen Welsen in den bis zu 14 Meter tiefen Gewässern. Benachbart liegen die Roxheimer Altrheinschleife und ein weiterer Weiher, der Wasservögeln, Fröschen und anderem Getier ungestörte Brutbedingungen bietet. Sonnenuntergänge sind hier von unvergesslicher Schönheit.

Zu jeder Jahreszeit bietet ein Spaziergang um den See eine Auszeit in der Natur. Igeln, Mardern, Hasen oder Füchsen bin ich hier schon begegnet. Große Hechte sprangen aus dem Wasser, um im Spätsommer die einsame Schwimmerin zu beäugen. Stürmische Tage locken Surfer*innen aus ganz Deutschland an und Spaziergänger*innen bekommen halsbrecherische Wenden hart über der Wasseroberfläche zu sehen. In eisigen Wintermonaten versetzen einen glitzernde, erstarrte Tropfenformationen ins Reich der Schneekönigin und man begegnet vielleicht einem Eissurf-Mobil. Die Tage der unberührten Natur sind womöglich gezählt, wenn auf der See-Halbinsel ein Tagungshotel gebaut wird.

TIPP: *Am besten das Fahrrad mit in die S-Bahn nehmen, dann ist man in zehn Minuten vom Bahnhof Bobenheim-Roxheim am See.*

Bobenheim-Roxheim bei Worms
ÖPNV: S-Bahn Worms-Mannheim, Station Bobenheim-Roxheim

Ein Baum schreibt Theatergeschichte
Die Blutbuche am Theater

Was für ein hoher Baum zwischen Wormser Theater und Kulturzentrum gepflanzt wurde, mag mancher denken. Dabei ist es genau umgekehrt: Der ehrgeizige, fließend elegante Neubau wurde 2011 um die bestehende Rotbuche herum fertiggestellt. An Bäumen merkt man, wie die Jahre vergehen. Sicherlich könnte die Theaterbuche einiges aus der bewegten Geschichte der Wormser Theaterhäuser an dieser Stelle erzählen.

Das erste Wormser Volkstheater wurde 1889 eröffnet. Die durch die Lederindustrie zu Wohlstand gekommene Stadt blickte auf Bayreuth. Architekt Otto March gestaltete den Bau neoromanisch wie so vieles in der „Nibelungenstil"-Zeit. Schon damals fanden 1.200 Zuschauer*innen Platz. Im Ersten Weltkrieg wurde das Theater zum Reservelazarett und erst 1924/25 wieder bespielt. 1932 fiel es einer Brandstiftung zum Opfer und wurde 1934 mit Wagners „Meistersingern" neu eröffnet. 1937–1939 gab es sogar Nibelungenfestspiele. 1943 wurde Lortzings fast vergessene Oper „Der Waffenschmied von Worms" aufgeführt. 1945 blieb nur noch der Mozartsaal stehen. Lange wurde er als Kino benutzt. Erst 1966 erstand das Wormser Spiel- und Festhaus neu. Aus dieser Zeit stammt auch die unter Denkmalschutz stehende Buche. Da ein großer Festsaal nach wie vor fehlte und der Mozartsaal in die Jahre gekommen war, kam es 2003 bis 2011 zu einem richtig großen Wurf: Der heutige Doppelbau bezieht den Mozartsaal ein und kombiniert Theater, Kultur- und Tagungszentrum. Wegen seiner traumhaften technischen Ausstattung kommen Jahr für Jahr internationale Gastkompanien wieder. Das einfach WORMSER genannte Kulturzentrum wird immer wieder als Location ausgezeichnet. Die Buche spendet den Gästen der integrierten Gastronomie zwischen beiden Gebäudeteilen Schatten. Derzeit bitten hier HINZ UND KUNTZ nach oder vor dem Theater zu Tisch. Ein Hotel auf dem angrenzenden Gelände ist ebenfalls geplant.

Rathenaustraße 11, 67547 Worms
https://www.das-wormser.de
ÖPNV: Bus 407, 410, 431 Station Kriemhildenstraße

90

Abheben erwünscht
Der Flugplatz

Schon Bill Clinton samt Saxofon reiste hier an, um Helmut Kohl im nahen Oggersheim zu besuchen. So nutzen den Flugplatz zwischen Worms und Bobenheim-Roxheim auch Geschäftsleute als Verkehrslandeplatz. Doch in erster Linie ist der Flugplatz ein Paradies für Hobbypilot*innen und Rundfluggäste, die gerne einmal abheben möchten. Segelfliegen ist die naturverbundenste Art, die Welt von oben zu betrachten. Unbestritten ist der Rheingraben ein attraktives Fluggebiet mit geeigneten Wind- und Auftriebsverhältnissen. Geöffnet ist der Tower und damit der Flugbetrieb täglich von neun Uhr bis Sonnenuntergang.

Die Autokennzeichen der angereisten Hobbypilot*innen reichen bis ins Rhein-Main-Gebiet und nach Karlsruhe. Vielleicht tragen zur Attraktivität neben den schönen Tourenmöglichkeiten auch die niedrigen Landegebühren bei. 800 Meter lang und 23 breit ist die Asphaltpiste, weiterhin gibt es eine 930 Meter lange Grasbahn. Für Tankstelle und Reparaturwerften ist ebenso gesorgt. Ein Rundflug mit einer klassischen Cessna ist ein beliebtes Geburtstagsgeschenk. Mit dem Taxi ist man über die B9 in zehn Minuten in Worms oder auch in Ludwigshafen. Für „Flug-Tourist*innen" stehen Leihfahrräder zur Verfügung. Das Naherholungsgebiet Silbersee (s. S. 184), wie auch Worms sind mit dem Rad in etwa 20 Minuten zu erreichen.

Für den Flugunterricht kooperiert der Wormser Luftsportverein mit drei anderen regionalen Flugvereinen; so stehen mehr Flugzeugarten zur Verfügung: Motor- und Ultraleichtflugzeuge, Motorsegler, Segelflugzeuge und Hubschrauber mit einem Maximalgewicht von 5.700 kg sind zugelassen. Bis 10.000 kg gibt es eine Sonderregelung. Übrigens darf man als Insass*in in einem modernen, sparsamen Ultraleicht-Flugzeug nicht mehr als 90 kg wiegen.

TIPP: *Essengehen im XXL-Schnitzel-Restaurant ZUM PROPELLER sollte man also lieber erst danach. Hier sitzt man direkt am Rollfeld, sommers sogar Open Air. Die Speisekarte bietet aber auch indisch-deutsche Gerichte an.*

Am Flugplatz 1, 67547 Worms
ÖPNV: Leihfahrräder, Mietwagen, Taxi

91

Luft, Liebe & Wein
Ahoi, Backfischfest!

Jedes Jahr zieht das größte Weinfest am Rhein etwa 700.000 Besucher*innen an und läutet für alle Wormser*innen den krönenden Abschluss des Sommers ein. Die neun Tage „Karneval im Sommer" beginnen mit der Eröffnung, wenn der Bürgermeister – gegen eine „Fischplatte" – die Regierungsgeschäfte an den „Bojemääschter vun de Fischerwääd" (Bürgermeister der Fischerweide) übergibt. Das Fest geht auf das Jahr 1933 zurück, hat aber mit der „Machtergreifung" der Nazis nichts zu tun. Schon im ersten Jahr waren Wein- und Backfischbestände sofort ausverkauft! Heute tanzen Lederarbeiter und Fischweiber, in Wirklichkeit Schüler*innen des Gaußgymnasiums, zur Eröffnung. Bojemääschter Markus Trapp, im richtigen Leben Schornsteinfegermeister, hat bereits einen Bürgermeisterwechsel im Rathaus überlebt und ist mittlerweile selbst in den Stadtrat eingezogen. Die Backfischbraut an seiner Seite wird jedes Jahr neu ernannt, am liebsten aus den Reihen der Fischerwääder; Bewerberinnen gibt es genug. Hat die Backfischbraut das Fest mit einem Schluck aus dem Handnirsch, mit dem früher das Wasser aus den Kähnen geschöpft wurde, eröffnet, kann es am ersten Festsamstag auf der Kisselswiese losgehen. Im Riesenzelt Wonnegauer Weinkeller sind die Wormser Weingüter vertreten. Hunderte Weine probieren kann man in HAGENS WEINSCHATZ. Luftige Weinproben lassen sich auch auf dem Riesenrad buchen. Zwischen Eröffnung und Schlussparty liegen der Wormser Abend, der Hausfrauennachmittag, viel Musik, leckere Backfisch-Spezialitäten und viel, viel Spaß. Oft kommen ganze Firmenteams. Zum Festumzug schlängeln sich manchmal 100 und mehr Wagen vom Karlsplatz bis zur Fischerwääd (Foto: die Kleine Fischerwääd). „Ahoi"-Rufer*innen ergattern vielleicht einen Schluck Wein oder Naschwerk. Zum Abschluss der Mutter aller Wormser Open-Airs steigt ein großes Feuerwerk. Währenddessen feiern die „Fischerwääder" ihr Fest auf besonders wasserverbundene Weise. Aber das ist ein eigenes Kapitel wert (s. S. 202)!

Kisselswiese, 67547 Worms
www.backfischfest.de
ÖPNV: Bus 410, 644 Station Rheinstraße, 431 Station Wallstraße

92

Mittlelalterlich, nibelungisch, philosophisch
Die Wormser Nibelungenweihnacht

Der Wormser Weihnachtsmarkt, den die britische Zeitung THE TELEGRAPH zu den schönsten des Kontinents zählte, zeigt sich nibelungisch. Sein Herz-Logo auf Souvenir-Tassen und Thermobechern erinnert ans Backfischfest (s. S. 190), dessen Verzierung an mittelalterliche Handschriften. Workshops des Nibelungenmuseums in der Nibelungen-Weihnachtswerkstatt auf dem Obermarkt, vor der sich auch die Bühne befindet, bieten Einführungen in alte Handwerkstechnik wie das Münzprägen an. Musiker*innen treten auf, die vom Mittelaltermarkt SPECTACULUM bekannt sind: DUO WORMEZ oder THELONIUS DILDAPP. Bei Maria Holls Glühweinbude gibt es Spezialitäten unter nibelungischen Namen. Viele schätzen auch ganz „normale" Angebote – schließlich assoziieren schicksalhafter Untergang und „Nibelungentreue" nicht alle mit dem Fest der Hoffnung. So bietet Ökowinzer Helmut Kloos basisdemokratisch seine Tribüne aus Birkengeäst für ironische Ansprachen ans Volk. Mitunter kam ich hier an den Stehtischen bei einem Glühwein ins Gespräch mit holländischen Rheinschiffern, deren Pötte gerade vor Worms ankern.

Das Herz des Weihnachtsmarkts ist der Obermarkt; hier, am Römischen Kaiser und am Lutherplatz stehen liebevoll gestaltete Kinderkarussells und Fahrwerke. In den Wechselbuden bieten Privatleute, Geschäfte und Vereine Weihnachtliches, etwa die Schokolaterie HORCHHEIMER SCHEUNE mit ihren patenten Schokofiguren, Schokoladen und Pralinés. Schnell ausverkauft sind ihre Schoko-Nibelungendrachen mit Mütze und Schneepuder. Gegen Frost und Kälte helfen Glühwein von hiesigen Winzern (rot, weiß, nichtalkoholisch), Lumumba, geröstete Mandeln und Nüsse in 1.000 Variationen, Liköre, Strumpfhosen, Kuschelsocken, Schals, ungarisches Langosch-Gebäck oder WINTERS GRILLSTATION, von vielen Kerwen bekannt. Hier schmecken die extra langen Bratwürste vom Wildschwein besonders herzhaft.

TIPP: *Den Rundgang kann man am Römischen Kaiser, am Lutherplatz oder in der Kämmererstraße beginnen. Es gibt auch Advents-Gästeführungen.*

Obermarkt, 67547 Worms
www.worms-im-advent.de
ÖPNV: Bus 401, 402, 430, 434, Station Marktplatz

93

Location als Tor zur Welt
Hamburger Tor

„Tor zur Welt" nennt sich die Hansestadt Hamburg gerne. Wie verbindend, wenn sich in der Nibelungenstadt Worms am Rhein ein direktes Tor zum Tor zur Welt findet! Die ehemalige Gaststätte HAMBURGER TOR befindet sich tatsächlich in der Nähe eines Wormser Stadttors, nämlich des Raschitors. Jahrelang stand die gegenüber einem lauschigen Platz gelegene Eckkneipe leer. Erbaut wurde das Haus um 1890 im neoklassizistischen Stil.

Ein Förderverein, in dem gerüchtehalber auch Fans des großen „Tors zur Welt" mitmischen, fand sich, kratzte Spenden und Erspartes zusammen, legte kräftig Hand an und eröffnete die Location, die wie aus einem Van-Gogh-Bild entsprungen zu sein scheint, zur Kulturnacht 2019. In dieser jährlichen Veranstaltung präsentieren Wormser Künstler*innen und Bürger*innen Ausstellungen, Konzerte, Performances oder was sie sonst anderen zeigen mögen, an bekannten und unbekannten Orten der Innenstadt. Das Format wurde angelehnt an die erfolgreichen Museumsnächte im Rhein-Neckar-Raum und genießt in Worms große Beliebtheit. Man zahlt einmal Eintritt und lässt sich an alle möglichen Stellen der Stadt treiben, sich von Kunst und nicht selten guter Kulinarik einen Abend lang verwöhnen.

Das HAMBURGER TOR bleibt ein vom Förderverein gemanagtes, günstiges Veranstaltungszentrum für die erweiterte Nachbarschaft. Es lohnt sich, immer mal hier vorbeizuschauen. Zum POPUP-FESTIVAL im September gab es eine Lesung des Kultautors Linus Volkmann. Weitere Gastro- oder Musikveranstaltungen, aber auch Yogakurse, Partys oder Ausstellungen bringen abendliches Leben in diesen Teil der Altstadt, der wegen seiner Nähe zur alten Stadtmauer auch historischen Charme hat.

Bärengasse 19, 67547 Worms
http://hamburger-tor.de
ÖPNV: Bus 431, Station Berliner Ring

94

Vor der Haustür feiern bis tief in die Nacht
Das Wasserturmstraßenfest

Rund um den Karlsplatz geht für Menschen mit Sinn für architektonische Schönheit die Fantasie auf Reisen: zu Rapunzel am märchenhaften Wasserturm (s. S. 32), ins traditionsverliebte Reich von Harry Potter am Eleonorengymnasium oder zu Luthers Standhaftigkeit am Jugendstilbau der Lutherkirche. Kein Wunder, dass dieses Stadtviertel ab Ende des 19. Jahrhunderts zu einem Lieblings-Wohngebiet für viele Wormser*innen wurde.

Blickachse in Richtung Innenstadt ist die begehrte Wasserturmstraße mit villenartigen Häusern aus der Gründer- bis Jugendstilzeit, üppigen Vorgärten und schattenspendenden, alten Bäumen. So prägend ist sie, dass man vom „Wasserturmstraßenviertel" spricht. Seit über 30 Jahren laden die Anwohner*innen einmal im Jahr zum legendären Wasserturmstraßenfest, auf dem regionale Bands wie die FIRECACADOUS und manch überregionale Künstler*innen auftreten. Bis in die Abendstunden sitzt man hier auf den Brauereibänken, plauscht und schlemmt unter der nostalgischen Straßenbeleuchtung. Bei Wein oder Bier und einer Vielfalt angebotener Gaumenfreuden von vegan bis Grill, von Streetfood bis Frozen Joghurt, trifft man manch alten Bekannten. Ehemalige Nachbar*innen kommen gern wieder. Und für Neuzugezogene gibt es keine zwanglosere Art, sich einzubringen und neue Freund*innen zu gewinnen. Kinder aus der Nachbarschaft bieten nicht mehr gebrauchtes Spielzeug in einem eigenen kleinen Flohmarkt zum Verkauf an und setzen das Gewonnene gleich wieder um. Wie entspannt, dass an diesem Sommertag die Straße für Autos gesperrt ist und die Eltern das Rennen und Toben nebenher im Blick behalten können! Nachbarschafts-Straßenfeste verbinden über Generationen, Berufe und Herkunft hinweg. Jeder leistet seinen Beitrag beim Auf- und Abbau, Stand- oder Spüldienst und plötzlich bekommen all die Häuser ringsum menschliche Gesichter.

TIPP: *Lauschig und fast genauso alt ist übrigens das kleinere Dankwartsplatzfest im Nibelungenviertel südwestlich der Ludwigstraße, bei dem man sich ebenfalls über Besucher freut.*

Wasserturmstraße, 67549 Worms
ÖPNV: Bus 405, 408, 418, 434, Station Karlsplatz

95

Herzerwärmende Begegnungen
Der Tierpark

Kaum eine Einrichtung lieben die Wormser*innen, von sehr jung bis ganz alt, mehr als ihren Tierpark. Weit mehr als ein kleiner Streichelzoo, beherbergt er viele Exoten, wie die seit dem Film MADAGASKAR heißgeliebten Kattas und Lemuren. Ständig gespannt halten Erdmännchen Wache. Kängurus, Waschbären und großäugige Lamas staunen über die Besucher*innen – und umgekehrt. Der Bauernhof präsentiert in nostalgischem Ambiente alte Haustierarten und der Erlebnisgarten gibt Schulklassen und Kindergartengruppen die Möglichkeit, selbst Pflanzen zum Wachsen zu bringen. Dazu gibt es die pädagogischen Programme der Tiergartenschule, Schnupperkurse zur Tierpflege, ein Ferienprogramm, Angebote für Kindergeburtstage und, und, und. Hinzu kommen die besonderen Veranstaltungen im Jahreskreis wie das Herbstfest oder der Stabaus mit der Winterverbrennung. 11.000 Besucher*innen kommen an einem Wochenende zum Herbstmarkt schon mal zusammen. Im Februar kann, wer rechtzeitig Karten für Wolfsnächte ergattert, nachts die Wölfe heulen hören – und sehen. Denn der Tierpark beherbergt ein Wolfsrudel in einem artgerechten Gehege. Unvergesslich bleibt den Teilnehmer*innen die Begleitung zur Fütterung im Licht der Taschenlampe. Aber aufgepasst: Die Karten sind jedes Jahr im Handumdrehen ausverkauft!

Außer den Tiergehegen bietet der Tierpark auch großzügige Spielplätze und ein herrliches Nostalgie-Karussell, das übrigens die Familie des Wormser Schauspielstars André Eisermann betrieb. Bähnchenfahren oder Bollerwagen mieten, picknicken oder im kleinen Restaurant-Café mit Blick auf den See und seine Enten Kaffee trinken: Hier findet sich für jedes Alter etwas. Ganze Großfamilien kommen zum Sonntagsausflug her. Viele Tiere dürfen gefüttert werden. Der Tierpark verkauft dazu hauseigenes Trockenfutter, das man sich am besten gleich an der Kasse besorgt.

Hammelsdamm 101, 67547 Worms
https://www.tiergarten-worms.de
ÖPNV: Ruftaxi 4905, Station Tiergarten

96

Wer zackert die Kerb aus? Die Kerweborsch!

Kriegsheim

In die Seele von Kriegsheim schaut man am besten zur Zeit seiner Kerwe am dritten Septemberwochenende. Schon im 8. Jahrhundert als „Creshem" erwähnt, ist der Ortsteil von Monsheim östlich von Worms stolz auf seine eigene Tradition, ersichtlich an Fahne und Wappen. 2017 feierte der von großen Höfen geprägte Ort sein 1250-jähriges Jubiläum. Nach dem 30-jährigen Krieg siedelten sich hier Mennoniten, Quäker und Täufer an. Da sie Steuern und Kriegsdienst verweigerten, wanderten viele später in die USA aus, wo sie in Philadelphia mit der „Cresheim Road" bis heute Spuren hinterließen.

Die Kriegsheimer Kerb ist diejenige rund um Worms, die erst nach dem Backfischfest stattfindet. Fast an jedem Haus weht dann die Flagge mit der charakteristischen Rabenkrähe, fünf Tage lang, von der Eröffnung am Freitagabend in der Kerweschänke EMMERTSHOF bis zum Verbrennen der Kerb am Dienstagabend. Das Wappentier, entnommen von einem Gerichtssiegel aus 1561, war vielleicht namengebend (Kreikes/Criegisheim). Wettererfahren sind die Kriegsheimer*innen. Ihre Kerb, eine Weinflasche, „zackern" sie mit dem Traktor aus dem Acker vor dem Dorf. Anschließend begeben sich die „Kerweborsch" (der Begriff gilt auch für Kerwemädchen und wird auch für den Plural verwendet) zum Dorfbrunnen und ziehen in ihrer Dialektrede („Kerwered") die Ereignisse des vergangenen Jahres durch den Kakao. Am Sonntag bietet der Umzug mit aufwändigen Mottowagen, Musik- und Tanzgruppen karnevalsartige Satire, ob zu bundesweiten Themen oder zum Ortsgeschehen, von Dieselverbot bis Ärztemangel. Organisiert wird die Kerb von einem eigenen Verein. Alle Generationen machen mit: Außer der Straßenkerb gibt es Frühschoppen, Bobbycar-Rennen, Biathlon, etwas für jede und jeden. Und alle rufen den Kerwespruch „Wem gehört die Kerb? Unser!" mit.

TIPPS: *Sehenswert sind auch die vielen Stromkästen, die künstlerisch von Aloisia Hartmeier mit ortstypischen Motiven veredelt wurden. Übrigens macht der rheinhessische Trullo-Radwanderweg Station in Kriegsheim.*

Dorfplatz am Dorfbrunnen, Kriegsheim
https://www.facebook.com/Kriegsheim
ÖPNV: Regionalzug nach Monsheim

97

Feierfreudige Fischerzunft
Das Fischerwääd-Museum

Fernab aller Pracht gibt es eine kontinuierliche Geschichte der Wormser Fischer. 1106 rief Bischof Adalbert eine Innung von 23 Erbfischern mit einer Fischmarktordnung ins Leben. Diese älteste aller Zünfte ist bis heute quicklebendig. Viele Familien leben noch in den Häusern der Straße Große Fischerwääd. Auch in der Gasse Kleine Fischerwääd erinnern die niedrigen Katen an alte Zeiten. Früher konnte man vom Haus direkt in den Kahn springen und zum Fischen fahren, so hoch stand das Wasser. Heute ist der Rhein wieder so sauber, dass auch Lachse und Aale darin vorkommen. Doch in Worms wird heute mehr gefeiert als gefischt. Jährlich findet das Fischerstechen statt, für das über 20 Vereine antreten. Die Ruderer sind mindestens ebenso entscheidend für den Sieg wie der- oder diejenige, der den anderen mit einer gepolsterten Stange vom Nachen stößt. Auch der Brauchtumsverein der Fischerwääder mit 500 Mitgliedern stellt ein Team. Übers Jahr trifft man sich im Museum in der Bojemääschterei zwischen Reusen, Netzen und Keschern. Ein Fischmarktstand und Fotos von früheren Festen wecken Erinnerungen. Die Fischer hatten ihre eigene Pforte im Stadttor samt Schlüssel. Ein Bild von 1933 zeigt zwei der letzten Fischer mit Handnirsch. Letzterer diente zum Wasserschöpfen aus dem Kahn, bevor er zum Weinschöpfen entfremdet wurde. Am Backfischfest-Mittwoch (s. S. 190) lädt die Große Fischerwääd auf ihrer Kerb zu Musik, Wein und Tanz, natürlich mit Backfischbraut und Bojemääschter. Angefangen hat alles mit einem Straßenfest, zu dem jeder ein paar Flaschen Wein auf den Tisch stellte. Markus Trapp, seit 2007 Bojemääschter, ist Fischerwääder durch und durch: Sohn einer Backfischbraut und eines stellvertretenden Bojemääschters, trug er als Fünfjähriger die Standarte, wurde Fischerstecher und ist heute selbst wieder Vater eines Fischerstechers. Das Backfisch-Herz geht auf das Jahr 1972 zurück; die Fischerwääder-Tracht stammt aus Norddeutschland.

TIPP: *In der Kleinen Fischerwääd betreiben Anwohner*innen in der Backfischfestwoche eine leckere Fisch-Küche (Beim FISCHCHEN).*

Große Fischerweide 31, 67547 Worms
https://www.facebook.com/fischerweide
ÖPNV: Bus 431, Station Wallstraße

98

Wo der Jazz seine Seele entfaltet
Der Platz der Partnerschaft

Das Herz des seit 30 Jahren bestehenden Open-Air-Festivals WORMS:JAZZANDJOY ist für die Liebhaber*innen des „Pure Jazz" die Bühne auf dem Platz der Partnerschaft. Die ersten Jahrzehnte hatte der klassische Jazz seinen Platz im Innenhof des Städtischen Museums Andreasstift (s. S. 58), mit seinen Arkaden und den ausgestellten Sarkophagen und Spolien. Als dort Sanierungsarbeiten notwendig wurden, musste Ersatz in Domnähe gefunden werden. Man entschied sich für den Platz zwischen dem Dom-Westchor und der Stadtmauer. Die heutige Zuschauerfläche liegt ungefähr einen Meter über dem Westchor-Grund und ist mit diesem durch ein Treppchen verbunden. Die Musiker*innen haben von der Bühne aus die besonders schöne Westansicht des Kaiserdoms im Blick. Dem Publikum bietet sich der Blick auf die Stadtmauer mit ihrem kleinen Doppeltor und dem weißen Eckturm, der noch auf die alte Stadtbefestigung zurückgeht. Auch während der Konzerte kann man sich unterhalb des Treppchens unterhalten oder sich bewirten lassen, während man oben schweigend in guter Akustik lauscht. Wer keinen Platz auf den Stühlen mehr findet, sitzt auf den halbhohen umfassenden Mauern oder lehnt an den Wänden. Das Festivalkonzept sieht vor, dass die Zuhörer*innen auch während der Konzerte zwischen den fünf domnahen Plätzen wechseln können. Außerdem hier beschriebenen sind dies der Schlossplatz (Dom-Nordseite), der Marktplatz, der Weckerlingplatz (s. S. 120) und der Platz vor der Jugendherberge. Alle Bühnen tragen die Namen von Sponsor*innen. Zur Orientierung gibt's einen Auftrittsplan. Jede Bühne steht auch für eine bestimmte Musikrichtung, denn außer Jazz werden auch Pop, Rock, Folk, Soul, Blues oder Weltmusik unter „Joy" subsumiert. Sonderkonzerte mit Stars finden auf dem Marktplatz statt.

Der Platz der Partnerschaft, der die Wappen vieler Wormser Partnerstädte zeigt, war auch bereits Schauplatz der Nibelungenfestspiele. Im „Dritten Reich" diente er als „Platz der Nation" Aufmärschen. Die entsprechende Dekoration wurde später entfernt. Geblieben sind die Bilder zur Stadtgeschichte von Albrecht Glenz.

Theaterfoyer Open Air

Der Heylshofpark zur Festspielzeit

Der Park um das Familienpalais der Familie von Heyl mutiert jedes Jahr zur Zeit der Nibelungenfestspiele zum „schönsten Theaterfoyer Deutschlands" oder gar Europas, wie manche sagen. So sehr lieben die Wormser*innen dessen Verzauberung durch ein ausgeklügeltes Beleuchtungskonzept und die Festspielaufbauten, dass sich selbst unter der Woche ab dem späten Nachmittag festlich gekleidete Menschen auch ohne Festspielkarte einfinden: aus Spaß am Flanieren, mit einem Glas Wein in der Hand. Stehtische und Sitzgelegenheiten laden zum Verweilen ein, während eine kleine Band dezent oder soulig-intensiv auf der Parkbühne auf das große Spektakel einstimmt. Im großen Gastrozelt oder Open Air vor dem Bistrobereich werden Häppchen oder auch ganze Menüs angeboten, während die Festspielfanfaren die Besucher*innen zum Einnehmen ihrer Plätze auffordern. Manch ein Promi mischt sich unter die Flaneure. Manchmal erhascht man einen Blick auf Schauspieler*innen, die erst später in die Maske müssen. Die Dämmerung setzt ein, die Plätze im Park leeren sich, da die Festspielgäste ihre Tribünenplätze eingenommen haben. Statt der Musik der Band wehen nun Stimmen und Klänge der Inszenierung herüber. Herrlich lässt es sich bis in den späten Abend in diesem großen fürstlichen Garten plaudern, während sich erleuchtete Putten im blutroten Wasser spiegeln und im Hintergrund eine neue Variante des uralten Dramas inszeniert wird. Für dieses Vergnügen gibt es mittlerweile Flanierkarten, sogar im Abo für die gesamte Festspielzeit.

Eine gute Figur macht der Park auch tagsüber zu Veranstaltungen des Rahmenprogramms wie den Theaterbegegnungen. Inmitten des festlichen Parks und mit Blick auf den überragenden Dom gibt es hierbei Gelegenheit, mit Künstler*innen und Regisseur*innen ins Gespräch zu kommen, das Stück zu diskutieren oder noch einmal der Bühnenmusik zu lauschen.

Heylshofpark, Stephansgasse 9, 67547 Worms
https://www.nibelungenfestspiele.de
ÖPNV: Bus 401, 402, 430, 434 Station Marktplatz

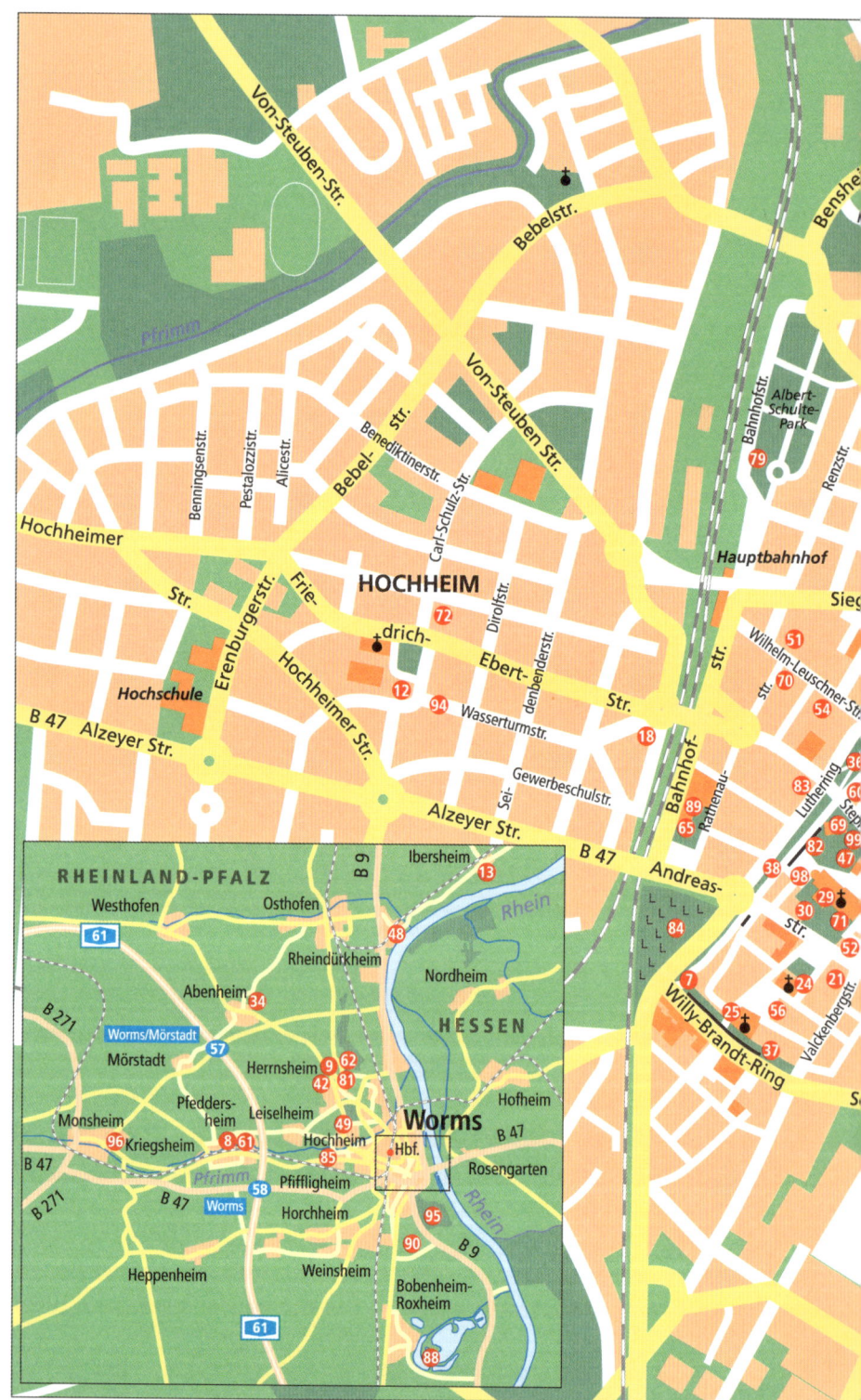

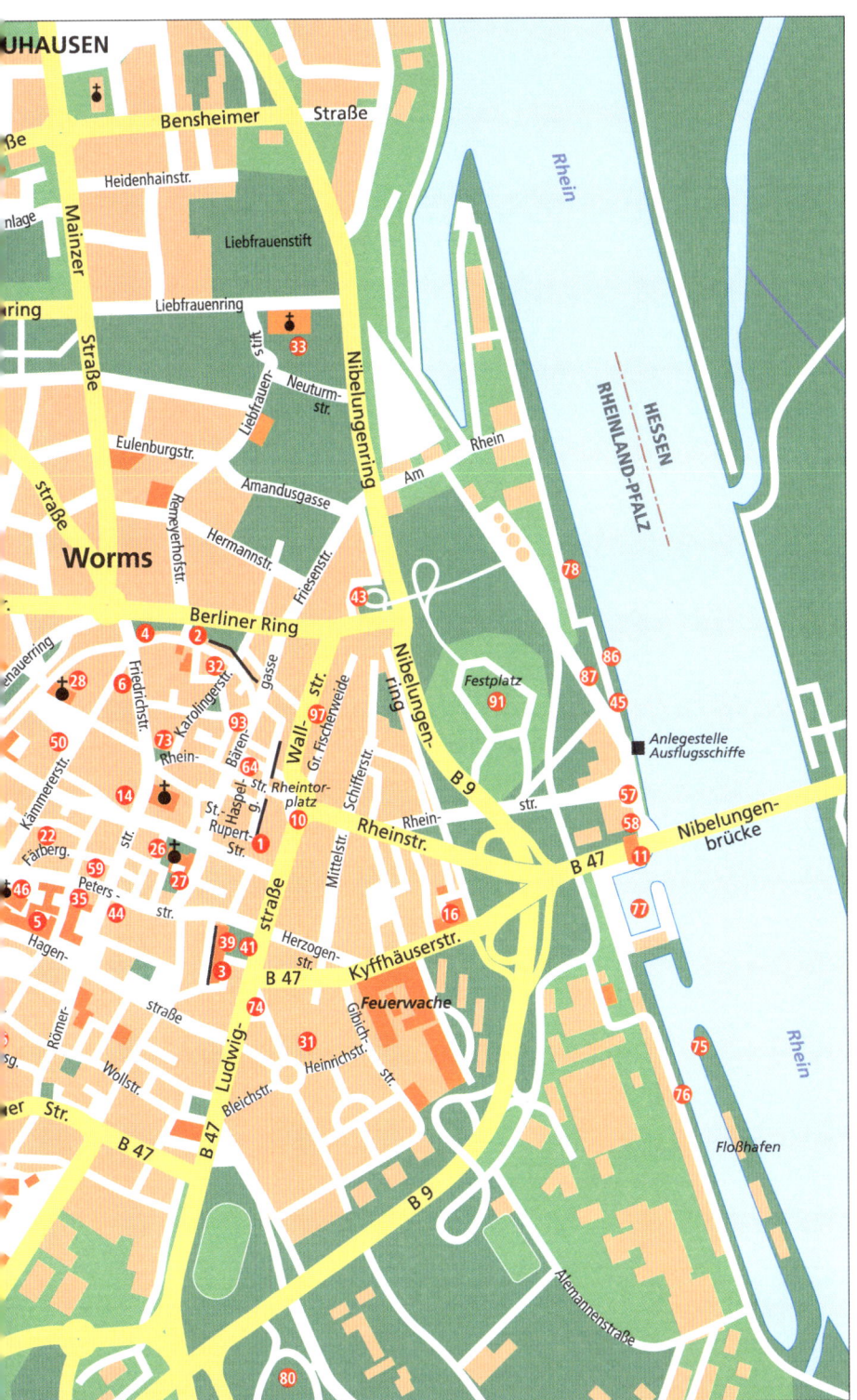

Die Autorin

Regina Urbach, 1966 in München geboren und in Heidelberg aufgewachsen, studierte Geschichte und Kulturwissenschaft des Vorderen Orients. Nach ihrer Promotion über Christen im Vorderen Orient arbeitete sie bei der Deutschen Welle Köln und für Fachzeitschriften bei Agenturen in Heidelberg und Mannheim. Seit 2006 lebt sie mit ihrer Familie als freie Redakteurin und Autorin in Worms. Mit zwei Coautoren schrieb sie 2016 den Stadtführer „Worms. Porträt einer Stadt" (Gmeiner), 2018 den Roman „Nibelungenkinder" (Worms-Verlag) sowie einen weiteren Roman unter Pseudonym. In Worms verliebt hat sie sich auf den anderthalbten Blick. Ihr Lieblingsort ist das Wormser Rheinufer.

Register

Walter Landin: Späte Schatten. Kommissar Lauers erster Fall

1984. Lauer, frisch gebackener Kommissar, gerade mal 25 Jahre alt, ermittelt in seinem ersten Mordfall: Der Kommunalpolitiker Klaus Weickert wurde in seinem Haus in Mannheim-Sandhofen erschlagen. Könnte es sich um einen Raubmord handeln? Und nicht um eine Poltische Abrechnung? Kommissar Lauer jedoch ermittelt auf eigene Faust weiter ... Dann aber kommt ein zweiter Obdachloser zu Tode – er wurde ertränkt: Kann es sein, dass alle drei Todesfälle zusammenhängen? Und dass späte Schatten aus dem ‚Dritten Reich‘ ins Jahr 1984 fallen? – ISBN 978-3-945782-42-2, 224 S., Broschur, 10 €

Tödlicher Glühwein. 21 Weihnachtskrimis aus der Pfalz

Hg. von Gina Greifenstein und Angelika Schulz-Parthu

Stille Nacht, heilige Nacht? Von wegen! Harmonie und Frieden unterm Weihnachtsbaum? Wers glaubt, wird selig! In ihren Weihnachtskrimis aus der Pfalz zeigen 21 Autorinnen und Autoren, dass auch zwischen dem ersten Advent und Silvester alte Rechnungen beglichen und neue aufgemacht werden.

Da trifft sich eine Freundesclique zum letzten Mal zu ihrer traditionellen Burgenwanderung – mit viel Glühwein! – im Pfälzerwald, in Groß-Bundenbach lebt zur Wintersonnwende ein altes Ritual wieder auf, während eine alte Dame im Spätzug ausgerechnet von einem Nikolaus überfallen wird und ein Ehemann in Barbelroth Haus und Garten in ein glitzerndes, blinkendes Weihnachtswahnsinnsland verwandelt. Psychologisch fein austarierte Tatabläufe treffen auf spontane Befreiungsschläge und manchmal auf die Falschen …

Die Tatorte sind Barbelroth, Flomersheim, Frankenthal, Groß-Bundenbach, Landau (4), Ludwigshafen (3), Neustadt (2), Nußdorf (2), der Pfälzerwald bei Leinsweiler, Speyer (2) und die Südpfalz (3).

ISBN 978-3-942291-80-4, 244 S., Broschur, 9,90 €

Vera Bleibtreu: Schöner sterben. Tod eines Feng-Shui-Beraters

Die erfolgreiche Immobilienmaklerin Maike Just wird erschlagen aufgefunden. Kurz vorher ist der Feng-Shui-Berater Daniel von Wertkamp tödlich verunglückt: In einem seiner Autoreifen steckt ein Nagel – ein Unfall, was sonst? Aber seine Witwe besteht darauf, dass es Mord war. Mit der Beerdigung betraut die Witwe ihre ehemalige Klassenkameradin, die Mainzer Pfarrerin Susanne Hertz. Als kurz danach im Keller eines Gonsenheimer Hauses eine skelettierte Leiche gefunden wird, hat das Team um die Mainzer Kriminalkommissarin Tanja Schmidt jede Menge Arbeit: Kann es wirklich sein, dass alle drei Fälle zusammenhängen?!?

Ausgerechnet der Steinsarg von Bischof Erkanbald im Alten Dom St Johannis bringt Tanja Schmidt auf die richtige Spur …

ISBN 978-3-945782-55-2, Broschur, ca. 140 S., 10 €

Stina Jensen: Playa de Palma. Abgrundtief

Levke Sönkamp hat alles verloren. Auf Mallorca möchte sie noch einmal die Orte besuchen, an denen sie und ihr Mann Max so glücklich waren. Dabei trifft sie im idyllischen Valldemossa auf die neunzehnjährige, frisch verliebte Insa. Als Insa kurz darauf an der Playa de Palma tot aufgefunden wird, kann Levke nicht wie Chefinspektor Barceló an einen Selbstmord glauben. Gemeinsam mit dem Journalisten Rafael macht sie sich auf die Suche nach dem wahren Grund für Insas Tod. Schon bald steckt Levke mitten in einem Verwirrspiel aus Lügen, Eifersucht und Missgunst …
ISBN 978-3-945782-40-8, 262 S., Broschur, 10 €

Ulrike Blatter: Töchter des Todes

Für Aylin Hodžić läuft alles super: Die junge Frau mit bosnischen Wurzeln hat gerade Abitur gemacht, will Journalistin werden und ist frisch verliebt. Dann jedoch gerät alles ins Wanken: Ihre ältere Schwester Semina verschleiert sich und verschwindet. Dabei spielte Religion im Leben der beiden Schwestern nie eine Rolle. Jetzt jedoch werden Semina und damit auch Aylin und ihre Eltern nur noch als Muslime wahrgenommen und die ganze Familie steht in den (sozialen) Medien am Pranger. – Kurz darauf detoniert in ihrer Heimatstadt Taufingen eine Bombe. Für die Medien und die Öffentlichkeit ist der Fall klar, und eine brutale Hetzjagd gegen die Familie beginnt. Aber alle Ermittlungsspuren führen in die Irre – oder bringen Aylin in tödliche Gefahr. „Blendend recherchiert, packend und kraftvoll geschrieben!"
ISBN 978-3-945782-45-3, ca. 300 S., Broschur, 11 €

Gina Greifenstein: Spectaculum. Paula Sterns erster Fall

Sie liebt ihr Motorrad, gutes Essen und hat ihren italienischen Freund gerade in die Wüste geschickt. Kriminalkommissarin Paula Stern, frisch aus München ins pfälzische Landau versetzt, wird noch vor ihrem ersten Arbeitstag zu einem Fall gerufen. Auf Burg Landeck gibt es einen Toten – und zwar genau während eines der beliebten Mittelalterfeste. Mit ihrem neuen Kollegen Bernd Keeser ermittelt Paula Stern iund findet jede Menge Verdächtige. Ob die Exfrau, der eigene Sohn, gehörnte Ehemänner oder ruinierte Scheidungsopfer – sie alle haben gute Gründe, dem Toten die Pest an den Hals zu wünschen … Im Anhang gibt Gina Greifenstein Tipps zu den wunderbaren Ausflugszielen ihres Duos und verrät deren Lieblingsrezepte.
ISBN 978-3-945782-48-4, 291 Seiten, Broschur, 12 €
ebook: ISBN 978-3-945782-53-8, 9,99 €

Aber wir haben auch Kochbücher, Gartenbücher, Reiseführer, Kinderbücher und und und

Gina Greifenstein: Pfälzer Tapas

Lassen Sie sich überraschen von Blutwurst-Ravioli, Kürbis-Frittata, von einer Pfälzer Quiche mit grünem Spargel, von Pufferchen aus Zucchini mit geräucherter Forelle oder einer Kastaniencreme auf Dornfelderkirschen oder Mini-Flammkuchen! – ISBN 978-3-942291-78-1, 128 S., 60 Farbfotos, Klappenbroschur, 12,90 €

Gina Greifenstein: Noch mehr Pfälzer Tapas

Inzwischen hat der Saumagen Spanisch gelernt! Mit über 60 neuen Rezepten beweist Gina Greifenstein dies noch einmal. Diese Tapas-Kochbücher zeigen, wie man regionale Spezialitäten mit ein paar mediterranen Kniffen aufpeppen kann – inklusive Tipps für eine stilvolle Präsentation. (Alice Gundlach, Bloggerin)
ISBN 978-3-945782-39-2, 136 S., 60 Farbfotos, Klappenbroschur, 15,- €

Gina Greifenstein: Ginas Plätzchenbuch. Mit Plätzchen durchs Jahr

Keks & Co! Über 80 Rezepte für alle Gelegenheiten: 32 Rezepte nur für Weihnachtsplätzchen: die Klassiker, aber auch jede Menge neue Kreationen. Daneben Rezepte zu Ostern, zum Valentins- oder Muttertag und Teegebäck. Sowie ein Kapitel mit selbstgebackenem Aperogebäck. Kurz: Plätzchenverführung pur!
ISBN 978-3-945782-25-5, 120 S. 60 Farbfotos, Klappenbroschur, 13,90 €

Sophia Schülke: Lothringen entdecken.

30 Touren durch Stadt, Land, Wald und am Wasser entlang
Mit 30 abwechslungsreichen Touren (26 Wanderungen, 4 Radtouren) führt Sophia Schülke zu den schönsten Stellen Lothringens. Mit Infokästen, Karten, Einkehrtipps, Hinweisen auf reizvolle Abstecher, Vorschlägen für Schlechtwetter-Alternativen und einem ausführlichen Serviceteil. ,,Wanderer, Radfahrer, kommt ihr nach Lothringen, so vergesst dieses Buch nicht. (...) Man wird nicht müde, ihr Etappe um Etappe zu folgen." (FAZ)
ISBN 978-3-942291-64-4, 184 S., Broschur, 14,90 €

Anne Rahn: Aus meinem Garten. Tipps, Tricks und über 100 Rezepte

Die gelernte Gärtnerin verrät, wie man je nach Jahreszeit Lücken im Beet füllt, oder wie man Lavendel, Estragon und Rosen vermehrt und vieles mehr!
ISBN 978-3-945782-01-9, 228 S., 229 Farbfotos, Klappenbroschur, 15,90 €

Anne Rahn: Neues aus meinem Garten

Es geht um Dahlien, Astern, Lauch, Fenchel, Zitronengras, Mönchspfeffer, Süßkartoffeln, Wolfsmilchgewächse, Verbenen, Wildblüten, Majoran, Speierling, Johannisbeeren u.v.am. Weiterhin um den insektenfreundlichen Garten und um den Garten im Klimawandel
ISBN 978-3-945782-44-6, 136 S., Klappenbroschur, über 150 Farbfotos, 15 €

Leinpfad Verlag –
der kleine Verlag mit dem großen Programm!
Leinpfad Verlag, Leinpfad 5, 55218 Ingelheim
Tel. 06132/8369, Fax 89695 1,
www.leinpfadverlag.com, info@leinpfadverlag.de

Wir schicken Ihnen gerne unser Programm!